红色文化书系

马克思的故事

梁雪影◎编著

辽宁人民出版社

图书在版编目（CIP）数据

马克思的故事／梁雪影编著. —2版.—沈阳：辽宁人民出版社，2012.5（2020.6重印）

（红色文化书系）

ISBN 978-7-205-07342-8

Ⅰ.①马… Ⅱ.①梁… Ⅲ.①马克思，K.（1818～1883）—生平事迹—青年读物②马克思，K.（1818～1883）—生平事迹—少年读物 Ⅳ.① A712-49

中国版本图书馆 CIP 数据核字（2012）第 093013 号

出版发行：辽宁人民出版社
　　　　　地址：沈阳市和平区十一纬路 25 号　邮编：110003
　　　　　电话：024-23284321（邮　购）　024-23284324（发行部）
　　　　　传真：024-23284191（发行部）　024-23284304（办公室）
　　　　　http://www.lnpph.com.cn
印　　刷：龙口市新华林文化发展有限公司
幅面尺寸：160mm×230mm
印　　张：11
字　　数：151 千字
出版时间：2012 年 5 月第 2 版
印刷时间：2020 年 6 月第 6 次印刷
责任编辑：刘铁丹
封面设计：丁末末
版式设计：王珏菲
责任校对：吴艳杰　徐丽娟　刘再升
书　　号：ISBN 978-7-205-07342-8
定　　价：18.00 元

总　序

　　这套红色文化书系，突出红色文化这一主题。红色，是火与血的颜色，是党旗、国旗、团旗和队旗的底色，是革命的象征。红色文化是党领导中国各族人民，继承弘扬民族优秀传统文化，积极吸纳人类先进文明成果，在革命、建设和改革的历史实践中所形成的伟大革命精神及其载体，是物质文化、制度文化和精神文化有机统一的体现。

　　有人认为，红色文化是历史形态的东西，如果将现在定位于历史纵轴线原点的话，只有在原点以下才能找到它。其实不然，红色文化不仅存在于历史，也存在于当下。我们每一个人的血液里都流淌着红色文化的因子，并因此而使其得以传承。红色文化的起源和发展，其影响不仅是当时的、历史的，更是当下的、现实的；不仅是固化的、凝重的，更是发展的、鲜活的。它随着时代的发展而发展，持续不断地发挥着印证历史、传承文明、弘扬精神的巨大作用。在这一过程中，我们这一代人都是它的承载者、实践者和创造者。

　　作为红色文化的核心，马克思主义基本原理和马克思主义中国化的最新成果是我们工作和生活必需的营养元素。有了这一营养元素，我们就能看清这大发展、大变革、大调整的当今世界，学会分析各种层出不穷的社会现象和社会思潮，在各种思想文化的交流、交融、交锋中，始终保持清醒的头脑，拥有强劲的精神支柱和不竭动力。

　　对于广大青少年来说，要想成为理想远大、信念坚定的新一代，品德高尚、意志顽强的新一代，视野开阔、知识丰富的新一代，开拓进取、艰苦创业的新一代，就必须从红色文化中找寻自己的人生取向和价值坐标，不断地锤炼自己的世界观、人生观、价值观。只有这样，才能让自己的路走得更好，让自己的人生更具价值和意义。这是事关青少年个人健康成长的大事，也是事关党的事业后继有人、国家和民族永续发展的大事。

组织编写这套红色文化书系，是深入贯彻党的十七届四中全会关于建设马克思主义学习型政党要求，推进马克思主义中国化、时代化、大众化，广泛开展社会主义核心价值体系学习教育的一个重要举措。这个书系是提高青少年思想政治素质的生动教材。组织者、出版者、作者期望这一书系能够成为广大读者的良师益友，并为此付出了艰辛的努力。

在红色文化这一主线下，这个书系分为革命领袖生平业绩、马克思主义名著导读、国际共运史、中国革命史、国外马克思主义和革命导师的写作与演讲风格等系列，共数十本图书。透过书系每本图书的字里行间，读者可以在历史与现实、理论与实践的时空转换中领略到思想的深刻性、故事的趣味性、知识的广泛性和方法的独特性，更能体会到理想信念、宗旨意识、艰苦奋斗、集体主义、爱国主义、改革创新等的强大力量。

这里，有我们当代中华民族发展的血脉。

这里，有我们当代中国青少年的精神家园。

编委会

2010 年 1 月

前 言

　　"马克思"是个响亮的名字。正是马克思与恩格斯合著的《共产党宣言》，发出了"全世界无产者，联合起来"的时代最强音。正是他的鸿篇巨制《资本论》，揭示了资本主义社会的经济运动规律，为世界无产阶级提供了强大的思想武器。正是在以他的名字命名的马克思主义的指引下，人类历史开辟了新的纪元。

　　且不说马克思对社会主义国家的影响，即使是在资本主义国家，他也是极有震撼力的。上个世纪末和本世纪初，西方社会发起了评选世界第二个一千年最伟大的思想家的活动，马克思多次名列榜首；2008年开始的世界性的金融危机爆发之后，马克思用毕生心血写就的《资本论》及其他著作，又在西方主要资本主义国家重新畅销起来……

　　一位长眠于地下已经120多年的人，为什么受到世人如此的尊崇呢？因为马克思对人类所作出的贡献实在太大了！他一生中的两大发现——唯物史观和剩余价值学说，使社会主义从空想变成了科学。

　　马克思的人格伟大，马克思的学说辉煌。曾有人把马克思比作奥林匹斯山上的神，认为马克思与我们普通人之间存在着天壤之别，他高不可攀，可望而不可即。这样，长期以来，我们更多看到的是马克思作为伟大的政治学家、经济学家、社会学家和马克思主义的创始人存在的一面，而很少看到他作为普通人存在的一面。

　　实际上，马克思在讲到他自己时常常喜欢说："人所具有的我都具有。"可见，马克思不是一个不食人间烟火的神，他与我们一样是

1

具有七情六欲的普通人。而他不同于我们之处，或者说他之所以成为世界上最伟大的思想家的奥秘，则是因为他能够正确处理人的七情六欲和伟大事业的关系，他不畏艰难困苦，终生都在实践着"为全人类造福"的誓言。

　　本书向你展示的就是一个活生生的、有血有肉的、既作为思想家，又作为儿子、作为学生、作为丈夫、作为朋友、作为父亲、作为外祖父存在的马克思！他可亲、可敬、可信、可学。他是我们人生道路上永远飘扬着的一面旗帜！

编　者

2010 年 1 月

目 录

特利尔出了个马克思

黑门附近的淘气男孩

"山不在高，有仙则名。水不在深，有龙则灵。"位于德国南部莱茵省的特利尔城，由于孕育了一个全世界的伟大人物——卡尔·马克思，而全球闻名！

马克思的故居（特利尔）

特利尔坐落在摩塞尔河畔，只是一座小城。在马克思生活的那个年代，这个城市人口不过15000，即便现在也不足10万人。然而，特利尔却是德国最古老的城市，它比罗马早建城1300年，至今还保存着古

马克思的故事

罗马时代的大量遗迹，诸如皇帝宫殿、公共大澡堂，还有令特利尔人骄傲的、世界闻名的"黑门"，等等。马克思当年就是在"黑门"附近长大的。

特利尔是一个风景秀丽的小城，它四面群山环绕，山坡上是莽莽苍苍的森林。莱茵河的支流摩塞尔河从特利尔城的西面流过。摩塞尔河很宽，碧波荡漾的河面上白帆点点，两岸几百公里都是葡萄果园和古老的小村庄。

特利尔不但历史悠久、景色迷人，而且曾以具有自由主义启蒙精神著称。在法国大革命时期，特利尔连同莱茵省的其他地区一起，于1795年至1815年并入法国。在拿破仑统治的20年时间里，莱茵省成了法国经济上和政治上最发达的地区。

尽管随着1815年拿破仑帝国的崩溃，莱茵省又被归还给普鲁士王国，但这里洋溢的民主自由气息，却并未因普鲁士政府的压制而泯灭。

1818年的5月初，摩塞尔河谷呈现出一派春末夏初的景象。白色的樱桃花刚刚开过，粉红色的桃花又长满枝头，柳树绽出翠绿的嫩芽，春风温柔地抚摸着绿色的原野，海鸥在晶莹的河面上欢叫着。

在这充满盎然生机的时节里，5月4日夜晚，在特利尔布吕肯巷664号住宅的一个房间里，亨利希·马克思正在焦急地等待着，等待一个小生命的诞生。

5月5日凌晨2时，一声啼哭打破夜的宁静，一个男婴呱呱坠地。父母给他取名为卡尔·马克思。谁也没有料到，卡尔·马克思的名字，后来会和一种崭新的理论体系联系在一起，和全人类的解放事业联系在一起……

卡尔·马克思的家族具有犹太血统。他的祖先好几代人都是犹太教的教士和学者，有的甚至在教会里担任重要职务。马克思的祖父和伯父都先后担任过特利尔犹太教的拉比[①]。

卡尔·马克思的父亲原名为希尔舍·马克思，年轻时为了摆脱传统

[①]拉比是犹太教负责执行教规、律法并主持宗教仪式的人。

犹太宗教思想的束缚，同时也为了个人的发展，忍痛与父母在信仰上断绝了关系，以此获得了"一张进入欧洲文明的入场券"。在卡尔·马克思出生的前一年，35岁的希尔舍·马克思正式改变信仰，成了一名基督教徒，他把自己的犹太名字"希尔舍"也改成了基督教名字"亨利希"。

亨利希·马克思是一个博学多才、正直善良的人。他经过多年的努力拼搏，成为一名首席律师。他不但精通法律，还有较高的文学素养。亨利希·马克思除了知识渊博以外，还受启蒙精神的影响，倾向于自由主义。由于亨利希·马克思高尚的人品和卓越的才华，他被推举为特利尔律师协会的主席，还出任过特利尔高级诉讼法庭的法律顾问，在当地享有很高的威望。卡尔从小从父亲那里受到的潜移默化影响，是无与伦比的！

卡尔·马克思对自己的父亲非常敬重。从父亲身上，他既学到了渊博的知识，又学到了做人的道理，他一直把父亲的一张照片带在身上。卡尔去世后，这张照片与他永不分离地葬在了一起。

卡尔·马克思的母亲罕丽达·普勒斯堡是荷兰犹太人，出生在一个犹太律法学家的家庭。她是一位朴素、慈祥、善良的女性，一生辛勤操持家务，含辛茹苦地养育子女，始终对孩子们的生活和身体状况操心劳神。她对马克思疼爱有加，常亲昵地把他叫做"幸运儿"。

卡尔家有兄弟姐妹九个，他排行老三。他的哥哥莫里茨·大卫4岁时夭折了，他的两个弟弟和两个妹妹也早早地死于肺结核。最后就剩下了卡尔以及他的姐姐索菲娅，还有两个妹妹路易莎和埃米莉。

卡尔不到两岁的时候，他们全家搬到了西梅昂大街1070号住宅，这里离黑门很近。特利尔是著名的盛产葡萄之乡，所以，像许多市民一样，卡尔家在离城不远的山丘上还建了几个葡萄园。全家的生活既温馨，又富足，卡尔的童年是在无忧无虑中度过的。

卡尔是一副地道的男子汉的模样：一头浓密的黑发，额头宽阔，眼睛明亮。他的肩膀宽厚，四肢粗壮，身体非常结实。父亲常喜欢叫他"黑毛小狮子"。

卡尔天资聪颖，活泼好动，既顽皮又淘气。俗话说："淘姑娘出巧的，淘小子出好的。"这话虽然不完全正确，但也有一定的道理。淘孩子在"淘气"中潜藏着的想象和智慧，常使他们的智力和体力得到锻炼和发展。

像每一个淘气的男孩子一样，卡尔的想象力异常丰富。他很擅长组织小伙伴们玩各种游戏，特别喜欢玩"打仗"的游戏。他把自己当成指挥官，手持长树枝，把姐妹们当做马，经常在紧挨着黑门的小山丘上驱赶着她们往下奔跑。卡尔还指挥着小伙伴们热火朝天地投入战斗，无论是上坡还是下坡，无论是水坑还是荆棘，他都要求他们不顾一切地往前冲。

卡尔做事非常执著，有时甚至显得暴躁，有时也愿意搞点恶作剧，他用自己的小脏手制作一些并不可口的小点心，非要姐妹们来品尝。奇怪的是，无论他的姐姐还是妹妹，都容忍他这种霸道的做法，心甘情愿地听他摆布。

原来，他的姐姐和妹妹都知道卡尔会讲非常有趣的故事。当淘气过后，作为补偿，他会坐在小伙伴们中间，绘声绘色地给他们讲述那些美妙动人的故事。他出色的讲述，把孩子们一个个的都征服了。

离卡尔家不远，住着特利尔城的枢密顾问官路德维希·冯·威斯特华伦男爵。他的两个孩子——姐姐燕妮和弟弟埃德加尔，是卡尔最要好的朋友，他们经常在一起玩耍。

路德维希·冯·威斯特华伦男爵是特利尔的名门望族，本人受过良好的高等教育，是一个十分有教养的人。由于枢密顾问官职责的原因，他同卡尔的父亲、特利尔的首席律师亨利希·马克思联系较多。威斯特华伦男爵毫无门第之见，他与同样优秀的亨利希·马克思很谈得来。这样，两个社会地位相差悬殊的家庭经常来往，大人和孩子都亲密无间。卡尔特别喜欢路德维希·冯·威斯特华伦男爵，把他看做是像父亲一样的朋友，威斯特华伦也非常喜欢邻家这个聪明活泼的男孩子。

威斯特华伦男爵的知识十分广博，他能流利地讲多种语言。他有较高的文化素养。威斯特华伦一有空，就带上两家的孩子，去美丽如画的小山丘上和幽静的树林中散步。他用英语和德语给他们背诵荷马史诗

《伊利亚特》和《奥德赛》的篇章，给他们讲古代英雄刚强威武、机智勇敢以及他们那种洋溢着英雄主义和集体主义精神的故事。

威斯特华伦还把自己喜爱的英国大文学家莎士比亚作品中的诗篇和戏剧中人物的独白，朗诵给孩子们听。马克思后来对诗歌的偏爱，不能不说与这位男爵的早期灌输有密切的关系。

与其他的贵族不同，威斯特华伦也具有自由主义倾向。当卡尔逐渐长大之后，他还给卡尔讲法国空想社会主义者圣西门的故事，空想社会主义者的主张使卡尔感到既新奇又向往。从威斯特华伦那里所受到的启蒙教育，对马克思的人生产生了重大影响。马克思从小到大，一直对威斯特华伦怀有非同寻常的感激之情。

卡尔的小学课程全部是在父母的指导下完成的。他有较高的天赋和领悟力，各门课程都掌握得很好，父亲对他非常满意。父亲严谨的治学态度和丰富的学识为卡尔作出了榜样。更重要的是，没有经历普鲁士那种严酷刻板的小学教育，也促进了卡尔这一时期自由、独立个性的形成和发展。

得天独厚的家庭与社会环境，使黑门附近的这个淘气男孩，快乐健康地成长起来，卡尔的童年充满了阳光。

校长盛赞的"栋梁之材"

1830年的金秋时节，特利尔城的弗里德里希－威廉中学门庭若市，又有一批新同学走进了校门，卡尔便是其中的一员。这一年，他12岁。经过父母的培养和教育，卡尔已出色地完成了小学课程，他可以进中学读书了。

说来卡尔也真是"幸运儿"，他进弗里德里希－威廉中学学习时，恰逢约翰·维滕巴赫在这里当校长。维滕巴赫是一位著名的教育家，他受启蒙思想的影响较深，崇尚科学和理想。维滕巴赫还是卡尔的历史和哲学老师，他在历史领域和哲学领域都有很深的造诣，这使卡尔受益匪浅。

这位具有自由主义精神的校长不仅思想开明，而且学风严谨，治校有方。他力求把学生培养成为对"进步和高尚品德抱有崇高信仰"的人。为此，他先后聘请了一些才华横溢、具有自由主义思想和社会责任感的优秀教师授课，学校在教书育人方面因而颇有些名气。

卡尔入学后，很快就适应了学校生活。他们班 30 多个学生，大部分是官吏和商人子弟，也有一些是农民和手工业者的子女，他们平均年龄大约 20 岁。马克思虽然是班上年龄较小的学生，但智力一点也不比其他同学差，如果按学习成绩排名的话，他在班里往往是排在 10 名左右。同学们喜欢这个小弟弟，因为他顽皮淘气，常使他们感到开心，但有时也有些惧他，因为卡尔不费吹灰之力就能写出讽刺诗来，常使他的对手感到尴尬。

卡尔是个爱学习的孩子，除了课堂上认真听讲以外，学校的图书馆是他经常乐而忘返的地方。西梅昂大街的书店他几乎天天光顾，受父亲和威斯特华伦男爵的影响，他也喜欢读世界文学名著和哲学名著，特别喜欢席勒、歌德、伏尔泰和莱辛以及圣西门的著作。

卡尔读书有一个良好的习惯，即经过认真的思考之后，用自己的语言写学习札记、纲要和摘要。这样看似花费一定的时间，但"好记性不如烂笔头"，他的深厚的知识积淀，不能不说与此有极大关系。

卡尔在中学学习期间，德国正处在封建专制制度之下，国家四分五裂，群众生活在苦难之中。卡尔每天上学都要经过中心广场，这里挤满了四处来逃难的人们。他还要穿过城中简陋的贫民区，那些衣衫褴褛的穷人给他留下了深刻的印象。在假日，卡尔常常到市郊的农村走访。在摩塞尔地区，他目睹了那些处于社会最底层的人们的贫困生活。劳苦群众的悲惨境遇，激起了他深切的同情。

就在卡尔进入中学的那一年，法国爆发了七月革命。这次革命给莱茵省的民主势力带来了希望，1832 年在普法尔茨召开的汉巴赫大会上，他们一致要求推翻封建专制制度，实现德国统一。普鲁士反动当局对此深感惶恐和不安，他们绝不允许民主势力抬头。

在特利尔，有些人因为参与了政治活动而遭到逮捕，一时间阴云密布。

　　一天，反动军警突然包围了弗里德里希－威廉中学，他们在校内查出了汉巴赫大会的演说稿，于是校长维滕巴赫受到了警察的监视。还有一些进步教师因唱革命歌曲、信仰唯物主义和无神论而受到训斥和怀疑。为了加强对师生的思想控制，反动当局还任命了一个不学无术的反动教员当副校长。

　　卡尔亲眼看见警察逮捕了他们学校的一名学生，原因是在他那里发现了被查禁的著作和反政府的讽刺诗。

　　所有这些都激起了卡尔对反动当局的强烈不满。在学校里，他鄙视那位副校长。毕业前夕，他一一向他尊敬的老师们告别，唯独不登他所厌恶的副校长家的门。这位副校长教过卡尔希腊文和拉丁文，对于卡尔的不辞而别，他耿耿于怀，感到很伤自尊。于是，卡尔的父亲不得不编了一则善意的谎言，说卡尔去过他那里，可他刚好不在家。对于儿子身上表现出来的这种倔强性格，亨利希·马克思开始隐隐感到有些不安了。

　　卡尔在中学里度过了 5 年的时光。他的学习成绩，除物理方面的知识中等以外，其他各门课程均为优良。据他的中学毕业证书记载，他的德语语法知识特别好，拉丁语在口语方面，达到了令人满意的流畅程度。老师认为，卡尔的希腊语知识和对古典作家作品的理解能力，差不多和拉丁文一样好。他的法语语法知识相当好，口头叙述方面也比较熟练。卡尔中学时期所掌握的多种语言，开拓了他的视野，成为他一生不可或缺的重要工具。

　　卡尔对宗教课的学习也非常认真，达到能明确认识基督教教义和训诫，并能加以论证的程度，而且他对基督教教会的历史也有了相当程度的了解。这些知识，为他日后对宗教的批判，奠定了良好的基础。

　　卡尔的历史和地理知识，相当令人满意。他对历史有着浓厚的兴趣。由于校长维滕巴赫亲自讲授这门课，卡尔从他那里获得了十分丰富有益的历史知识。这在他中学毕业考试用拉丁语写的一篇题为"奥古斯都的元首政治应不应当算是罗马国家较幸福的时代？"的作文里可略见一斑。卡尔对历史的特殊爱好对于他以后的理论著述极有帮助。除了文科知识以外，他的数学知识也学得相当出色。

校长维滕巴赫看出了卡尔是个好苗子，称他是"不可多得的栋梁之材"。考试委员会在他的毕业证书中特别注明："本委员会衷心祝愿该生因天资过人而获得美好的前程。"

要毕业了，选择什么样的人生道路呢？这可是事关终生幸福的大事。面临人生的十字路口，莘莘学子都在思考。

在卡尔的同学中，有人希望能踏上获取功名利禄的官宦之途，有人想走上发财致富的经商之路，有人愿当获取来世幸福的传道士，也有人希望做一名在战场上创造辉煌的军人，还有人想当科学家名垂史册。每个人都在憧憬着自己的美好前程。

卡尔虽然只有 17 岁，但他已经在思索生命的意义了。他在毕业作文《青年选择职业时的考虑》中，全面抒发了自己的人生感言。

卡尔认为，人与动物的一个不同之处就在于：人有思想、信念和目标。因此，人能够进行职业上的选择。但是，"我们并不总是能够选择我们自认为适合的职业；我们在社会上的关系，还在我们有能力对它们起决定性影响以前就已经在某种程度上开始确立了"[1]。这就是说，任何个人的职业选择，总要受到社会关系的限制。所以，在卡尔看来，人在选择职业时，不应随心所欲，或为一时的热情所左右，或为某种虚荣心所驱使，而应经过冷静的思考，全面衡量自己的能力、特点和身体素质，选择最适合自己的职业。

卡尔反对出于自私自利的考虑去选择职业，他认为："在选择职业时，我们应该遵循的主要指针是人类的幸福和我们自身的完美。不应认为，这两种利益是敌对的，互相冲突的，一种利益必须消灭另一种的；人类的天性本来就是这样的：人们只有为同时代人的完美、为他们的幸福而工作，才能使自己也达到完美。"[2]

这位 17 岁的少年还认为，如果一个人只是为自己而劳动，他也许能够成为一个著名的学者、伟大的哲学家、卓越的诗人，但他永远不能成为真正完美的伟人。卡尔意识到，只有使个人和社会一致起来，把职

---

[1]《马克思恩格斯全集》第 40 卷，人民出版社 1982 年版，第 5 页。
[2]《马克思恩格斯全集》第 40 卷，人民出版社 1982 年版，第 7 页。

业与事业统一起来，才能达到完美的境地。他为自己确立了一个崇高的理想：为人类幸福而贡献终身。他豪迈地赞颂道，历史承认那些为共同目标劳动因而自己变得高尚的人是伟大的人物；经验赞美那些为大多数个人带来幸福的人是最幸福的人；宗教本身也教诲我们，人人敬仰的理想人物，就曾为人类牺牲了自己。

虽然在卡尔的阐述中，还带有宗教观念和资产阶级启蒙思想的影响，但是他立下的为人类造福的志向是远大的，为此，他还准备奉献自己的一切。他以坚定的信念、铿锵的语言表明了决心："如果我们选择了最能为人类福利而劳动的职业，那么，重担就不能把我们压倒，因为这是为大家而献身；那时我们所感到的就不是可怜的、有限的、自私的乐趣，我们的幸福将属于千百万人，我们的事业将默默地、但是永恒发挥作用地存在下去，而面对我们的骨灰，高尚的人们将洒下热泪。"①

校长维滕巴赫对卡尔的作文非常欣赏。他认为，这篇文章思想丰富，结构严谨。不足之处是，有追求与众不同的形象用语的倾向。

卡尔在中学时代，就为自己选择了非同凡响的人生之路。这是他人生观形成时期所受到的时代陶冶、文化熏陶、家庭影响、学校教育等综合因素锻造的必然结果，也是他作为具有高尚情操的时代之子的必然选择。这条人生之路，充满着艰辛，但他终生义无反顾，始终不渝。正像这位大思想家在一首诗歌中所抒发的那样：

> 假如有那么一股
> 汹涌澎湃的波涛，
> 向前奔，不绝滔滔，
> 奔向那险滩隘道。
> 向着我和我的渴望猛扑过来，
> 想把我摧垮，压倒，
> 后退——这事儿我才不干，

---

① 《马克思恩格斯全集》第 40 卷，人民出版社 1982 年版，第 7 页。

这字眼——我连看都不看。
为了达到目的，
我愿和风浪搏斗，
甚至烈火的威风，
也会被我制服。
即使和我一起战斗的人，
一个个全部牺牲；
即使他们全都意志消沉，
对付任何力量我还是能够胜任！①

　　为了实现远大的志向和伟大的抱负，马克思在告别了中学时代以后，踏上了艰难的求索之路。

---

①《马克思恩格斯全集》第40卷，人民出版社1982年版，第475—476页。

敢问路在何方

老爸的担忧

卡尔的父母对爱子一直寄予厚望。父亲亨利希·马克思常为儿子的聪明才智而感到骄傲,他希望儿子能继承自己的事业,成为一名杰出的学者和律师。母亲罕丽达·普勒斯堡也希望儿子能从事一种比较稳定而且有可靠收入的职业。父母"望子成龙"心切,而且他们的考虑也并非没有道理。当时的莱茵省正在筹备成立新法院,未来律师的职业是有可靠保证的。况且律师这个职业生活稳定,有固定的经济收入,还有一定的社会地位。父母说服了卡尔,让他去波恩大学法学系深造。

1835年10月中旬的一天,17岁的卡尔在家人和朋友的陪同下,来到了特利尔码头。他登上了一艘海帆船,独自一人乘船沿摩塞尔河再转经莱茵河,前往波恩求学。站在甲板上的卡尔,望着渐渐远去的故乡,不禁思绪万千,从此他将离开父母独立生活了。他像一只羽毛未丰的海燕,渴望着暴风雨的洗礼。

波恩位于莱茵河畔,具有700名大学生的波恩大学是这座小城的骄傲,这里是莱茵省的思想文化中心,浪漫主义思想极为流行。

卡尔入学后,特别想见见浪漫派的一些领军人物并听听他们的课。因此第一学期他便选了9门课程,除了法律专业课以外,还有他喜欢的荷马著作、艺术史、希腊罗马神话等课程。每次课前,卡尔都早早地来到教室。课上,他贪婪地注视着老师,恨不能把老师讲的每句话都记在脑海里。他觉得课堂上的时间不够,于是利用课外的时间和夜间学习,每天学习达十七八个小时。

11

马克思的故事

转眼三个星期过去了，家里迟迟没有收到卡尔的信。母亲开始为卡尔感到担心，父亲写信批评了卡尔。卡尔原想对周围环境再多些了解后再写信，无奈"儿行千里母担忧"。卡尔急忙给父母写信，详细地汇报了自己入学后的情形。

父亲看到卡尔的勤奋努力和想做一些扎扎实实的事情的坚定志向，深感欣慰，但同时又有些担忧。儿子有学习的热情，但却缺少科学的方法。一个人的精力是有限的，学习也是循序渐进的过程，总不能一口吃个胖子啊！因此，父亲在回信中委婉地说："9门课程，在我看来多了一点，我不希望你学的东西超过你的身体和精力所能支持的限度。"[①]父亲担心卡尔把身体累垮，语重心长地告诫他说："在这个悲惨的世界上身体是智慧的永恒伴侣，整个机器的良好状况都取决于它。一个体弱多病的学者是世界上最不幸的人。因此，望你用功不要超出你的健康所能容许的限度。"[②]根据父亲的建议，卡尔把课程调整为6门。他如饥似渴地在知识的海洋中遨游，渴望用人类创造的全部知识武装自己的头脑。但第二学期开始时，不知疲倦的卡尔还是由于过分用功病倒了，他不得不又把课程减少到4门。

大学时代的马克思

---

① 《马克思恩格斯全集》第40卷，人民出版社1982年版，第831页。
② 《马克思恩格斯全集》第40卷，人民出版社1982年版，第832—833页。

　　课余时间多了，卡尔完全融入学校丰富多彩的生活之中。18岁的卡尔在脱离父母的监督之后，还没有完全的自我约束力。就在第二学期，他经不住同学的劝说，加入了波恩大学里的"特利尔同乡会"，并很快成为5名领导者之一。特利尔是有名的葡萄酒产地，同乡会的活动主要是喝酒，卡尔经常和同乡会的成员们把酒论英雄。有一次他因醉酒喧闹，破坏了夜间的安静，被学校罚一昼夜的禁闭。然而，"少年不识愁滋味"，当同学们去探望他时，他和同学们竟然在禁闭室里又开怀畅饮起来。

　　还有一次，来自特利尔的学生和贵族学生在校园里发生了争执，后来变成了公开的决斗。作为特利尔之子的卡尔不甘示弱，也加入其中。在一次举剑交锋中，他的左眼上部受了伤，留下了一块令父母担忧的小疤。

　　这时的卡尔已被那种不受监督、不受约束的自由生活所陶醉，不自觉地偏离了他努力的方向。说来也难怪，"金无足赤，人无完人"，即便是伟人，成长也是一个过程，其间在某个阶段或某件事情上出现一些失误在所难免。

　　卡尔的父亲得知了这些情况后，深为波恩大学学生中流行着的不良风气而忧虑，他不忍看到爱子在这样的环境中沉沦。于是，亨利希·马克思在第一学年结束前通知波恩大学：卡尔将转到柏林大学就读。

　　然而，一波未平，一波又起。正如亨利希·马克思所说的那样，卡尔在"波恩的胡闹刚刚结束，……那爱的折磨立刻又令我们震惊地开始了"[①]。

　　原来，在去柏林大学之前，卡尔回到特利尔城度暑假。这个假期对他有特别重要的意义，他与燕妮·冯·威斯特华伦小姐私订了终身。

　　燕妮是冯·威斯特华伦男爵的女儿，生于1814年2月12日。她与卡尔青梅竹马，两小无猜。随着年龄的增长，他们纯真的友情逐渐发展为爱情。早在卡尔去波恩大学之前，他们就有了爱的默契。而在1836

---

　　①《马克思恩格斯全集》第40卷，人民出版社1982年版，第881页。

年这个美好的夏天里，他们更进一步明确了恋人关系。

燕妮是特利尔最美丽的姑娘。她有深蓝色的眼睛，深褐色的头发，身材优美，气质高雅。她自幼受到良好的教育，学识广博，才华出众，心地善良，不少人为之倾倒，其中不乏门当户对的追求者。但燕妮独具慧眼，偏偏相中了卡尔。他们年龄相差4岁，而且又是贵族与平民联姻，这在世俗的眼光来看，几乎是荒唐的。他们担心得不到其他亲属的理解和同意，为稳妥起见，决定暂时保密，只告诉了卡尔的姐姐索菲娅和燕妮的弟弟埃德加尔。但不久，卡尔还是把这件事情告诉了自己的父亲。

一个刚刚18岁的、前途未卜的平民大学生，竟然把自己的命运与一个出身名门望族的美丽姑娘联系在一起，对此亨利希·马克思陷入深深的忧虑之中，他不知结果会是怎样。但很快他便同意了。因为他知道，卡尔一旦作出了选择，那就谁都无法让他改变。

大学时代的艰辛求索

1836年10月中旬，年轻的卡尔从特利尔出发前往柏林大学。当时铁路尚未建成，卡尔乘邮车足足颠簸了5天。这次柏林之行，卡尔远没有一年前去波恩那样兴奋。离开了心爱的姑娘，他感到内心无比惆怅。然而他深知，自己必须深造，必须学有所成。他是怀着对燕妮深深的爱和对未来生活的美好憧憬，来到柏林大学的。10月22日他注册后，便在离柏林大学不远的米特尔大街61号租了一间房子住了下来。

柏林是普鲁士的政治、经济和文化中心，柏林大学是德国当时著名的高等学府。这里拥有不少享有盛誉的专家学者，校风严谨，学生也都勤奋刻苦，绝少波恩大学的那些不良风气。德国哲学家路德维希·费尔巴哈在这里读书时，曾这样评价过这所大学：无论在哪个大学都看不到这种对工作的热爱，这种对大学生的琐碎事情以外的事情的兴趣，这种对科学的吸引力，这种安静和肃穆。他认为，同这所大学比起来，其他大学就是不折不扣的酒馆。

来到这样的环境里，卡尔感受到一种浓烈的学术气氛，他以极大的热情，全身心地投入到学习之中。他在给父亲的信中写道："到了柏林以后，我断绝了从前的一切交往，有时去看人也是勉强的，只想专心致志于科学和艺术。"①

在入学后的一年中，卡尔修完了刑法、罗马法史、人类学等6门课，而且在课余时间进行了令人难以想象的大量的学习研究活动。他阅读了堆积如山的法学专业文献和哲学、历史、文学艺术等方面的著作，又自学了英语和意大利语。"他在两个学期中所获得的大量知识，如果按照学院式的喂养方法在课堂上点点滴滴地灌输的话，就是20个学期也是学不完的。"②卡尔对自己近乎苛刻，他不允许自己满足于对知识的一知半解。因此，他延续了中学时代就养成的良好学习习惯：对所有读过的书都做摘要，写批注，一边学习一边思考。短短的一年时间里，卡尔广泛涉猎，取得了丰硕的成果。

亨利希·马克思早就洞察到了儿子身上的超乎常人之处。他在给卡尔的信中高兴地说："上帝恩赐，你来日方长——你将为你自己造福，为你的家庭造福，如果我的预感没有错的话，也将为全人类造福。"③

卡尔的目标是明确的，可还不是具体的。究竟哪个领域更适合于自己的发展呢？

卡尔根据自己的兴趣，在文学艺术领域尝试过。早在波恩大学时他曾加入过一个青年诗人团体，写过各种题材的诗歌。那时父亲认为，卡尔的诗歌，无论就它的真正含义，还是就它的倾向来说，自己都不理解，而且父亲直言不讳地告诉卡尔，如果他成了一个平庸的诗人，自己会感到伤心的。但进入柏林大学以后，特别是第一学期，卡尔对浪漫主义诗歌的爱好有增无减，甚至超过了他的专业课。短短几个月的时间，他把对燕妮的思恋，倾注在《爱之书（第一部）》《爱之书（第二部）》和《歌之书》三部诗集之中。他还专门为父亲的生日写了一本诗集，寄托自己对家乡和亲友的思念。不过，随着各方面知识的积累，卡尔逐步

①《马克思恩格斯全集》第40卷，人民出版社1982年版，第9页。
②［德］弗·梅林：《马克思传》，人民出版社1973年版，第19页。
③《马克思恩格斯全集》第40卷，人民出版社1982年版，第847页。

认识到，父亲对自己诗歌的评价是有道理的。他深刻地剖析了自己的诗，认为它们把理想与现实对立起来了，"一切现实的东西都模糊了，而一切正在模糊的东西都失去了轮廓。对当代的责难、捉摸不定的模糊的感情、缺乏自然性、全凭空想编造、现有的东西和应有的东西之间完全对立，修辞学上的考虑代替了富于诗意的思想"①。卡尔终于意识到，他没有显露出诗人的天才。于是，他毅然放弃了在这方面的追求，而仅把诗歌作为自己的一种业余爱好。

卡尔也曾按照父母的要求，在法学领域努力过。他所阅读的法学著作，远远超过老师所指定的书籍。卡尔在学习和研究中发现，为了更透彻地把握法学，应把它与哲学联系起来。这样，卡尔在研究法学的同时，也学习了哲学。当时德国理论界有一个习惯，很多人在研究一门科学时，都热衷于构建体系。受其影响，卡尔也决定构建一个法哲学体系。这对于一个涉世不深的年轻人来说，未免操之过急，但从另一个角度来说，也反映了他具有"初生牛犊不怕虎"的勇敢开创精神。

卡尔拟订了自己体系的纲目。他在导言里叙述了形而上学原理，然后分类对全部法学内容进行阐述。可当他写了300页的文稿时，发现这个体系包含着一系列亟待解决的矛盾。正如同他的诗歌创作一样，这里首先出现的障碍仍然是现有的东西和应有的东西的对立。他说："这种对立是唯心主义所固有的；它又成了拙劣的、错误的划分的根源。开头我搞的是我慨然称为法的形而上学的东西，也就是脱离了任何实际的法和法的任何实际形式的原则、思维、定义，这一切都是按费希特的那一套，只不过我的东西比他的更现代化，内容更空洞而已。"②在他看来，研究法律、国家、自然、哲学方面，"必须从对象的发展上细心研究对象本身，决不应任意分割它们；事物本身的理性在这里应当作为一种自身矛盾的东西展开，并且在自身求得自己的统一"③。卡尔意识到他所建立的法哲学体系存在着不可克服的矛盾，就他所受的教育和素养

①《马克思恩格斯全集》第40卷，人民出版社1982年版，第9—10页。
②《马克思恩格斯全集》第40卷，人民出版社1982年版，第10页。
③《马克思恩格斯全集》第40卷，人民出版社1982年版，第11页。

来说，是无力解决这些矛盾的。于是，他毫不犹豫地把这部虽未写完，但却是呕心沥血之作的法哲学手稿抛弃了，就像那些诗作一样，付之一炬。

建立法哲学体系所遇到的困难，使卡尔更进一步认识到哲学的重要性。1837年11月，他在写给父亲的信中说："这又一次使我明白了，没有哲学我就不能前进。这样我就必须怀着我的良知重新投入她的怀抱。"①

卡尔开始把自己研究的重点从法学转移到哲学。

早在入学之初，卡尔曾接触过黑格尔哲学，但他不喜欢黑格尔那种离奇古怪的表达方式和晦涩难懂的文字。他更喜欢读康德和费希特的著作，那时他是一个主观唯心主义者。可当他的法哲学体系流产后，他重读康德和费希特的著作，却发现他们的哲学观点不能帮助他解决理论探索中的难题，也不能帮助他克服现实生活中的矛盾。他在一首诗中说：

> 康德和费希特在太空飞翔，
> 对未知世界在黑暗中探索；
> 而我只求深入全面地领悟
> 在地面上遇到的日常事物。②

卡尔认为，康德和费希特把应有的东西和现有的东西即理想和现实割裂开来，他们的哲学体系严重脱离实际，在现实世界面前显得苍白无力。这样的哲学显然不能使他摆脱困境。那么，哪一种哲学才能指导自己继续前进呢？

"路曼曼其修远兮，吾将上下而求索。"卡尔以不可抗拒的执著，苦苦地思考着、探索着。

---

①《马克思恩格斯全集》第40卷，人民出版社1982年版，第13页。
②《马克思恩格斯全集》第40卷，人民出版社1982年版，第651—652页。

小渔村带来的转机

卡尔在从法学转向哲学的过程中，在艰难的探索中度过了一个又一个的不眠之夜。他往往在读一本书时，感到还有其他更多的书籍需要阅读；在研究一个问题时，又发现了其他一些问题亟待解决。他夜以继日地在书中寻找着问题的答案。由于过度的劳累，他的健康出现了问题。

根据医生的建议，卡尔到柏林郊区风景优美的施特拉劳小渔村疗养。没想到，这场病给他带来了理论探索中的机遇，就像当年的哥伦布发现美洲新大陆一样，在他面前展开了一片广阔的天地。

施特拉劳小渔村位于施普雷河的右岸，环境幽雅。如果步行的话，从柏林大学到这里只需一个小时，它是大学教授和学生们休闲的好去处。卡尔于1837年的夏天来到了这里。他每天在河边散步，有时同渔民下河打鱼，有时同村民上山打猎。一段时间以后，他感到身体恢复了不少。

在施特拉劳疗养期间，卡尔遇到了他所敬重的柏林大学教授爱德华·甘斯。甘斯讲授"刑法"和"普鲁士法"时，卡尔选修了他的课。甘斯是一个进步的法学家，在理论上，他是黑格尔哲学的忠诚信徒；在政治上，他具有自由主义和民主主义思想，关心社会问题，同情工人阶级。他的政治观点和学术观点对卡尔有着重大影响。当他了解到卡尔在理论上苦苦探索却未得其果时，便指导他重读黑格尔的著作。按照老师的谆谆教诲，卡尔从头到尾读了黑格尔的著作，也读了他大部分弟子的著作，这使他对黑格尔哲学有了新的认识。

黑格尔是德国古典哲学的集大成者，他建立了客观唯心主义体系，把一切发展都看成是绝对观念的自我发展和自我完善。绝对观念发展到黑格尔哲学便达到了顶峰，发展到普鲁士封建专制制度，便是最完美的社会制度。那么，这个万能的绝对观念究竟是什么呢？

据说，曾有一个牧师私下里问过黑格尔："你说的绝对观念与我们所说的上帝有什么区别吗？"黑格尔诡秘地笑了笑，说："随你理解，无可奉告。"牧师心领神会，原来绝对观念是上帝的代名词！客观唯心主义体系无疑是黑格尔哲学中的保守因素。但是，在黑格尔的这个哲学体系中，又包含着丰富的辩证法思想，这是它的革命因素。黑格尔认为，世界上的一切事物都处在相互联系之中，一切事物都处在不断的运动、变化和发展过程之中，都由低级向高级发展。世界上没有什么东西是永恒不变的。任何历史状况在发展中都是暂时的。某些旧的东西正在灭亡，昨天还是合理存在的东西，今天可能为更高级的新东西所代替，而事物发展的原因在于内在的矛盾。

卡尔通读了黑格尔的著作后，被黑格尔的辩证法思想深深吸引住了。他在《黑格尔》这首短诗中表达了他的兴奋心情。他说：

> 发现了最崇高的智谋，领会它深邃的奥秘，
> 我就像神那样了不起，像神那样披上晦暗的外衣，
> 我长久地探索着，漂游在汹涌的思想海洋里，
> 在那儿我找到了表达的语言，就紧抓到底。[①]

卡尔从黑格尔哲学中找到了符合他志向的学说，思想豁然开朗许多。

如果说，甘斯教授是卡尔走向黑格尔的向导，那么，阿道夫·鲁滕堡博士则是把他领进了大门。

阿道夫·鲁滕堡是士官学校的地理教员，哲学博士，他是青年黑格尔派的学术组织——博士俱乐部的重要成员。博士俱乐部是 1837 年在柏林出现的学术组织。当年黑格尔去世以后，由于他的哲学体系和方法之间的矛盾，他的弟子分成了两派：一派固守黑格尔体系中的保守因素，用客观唯心主义为宗教和封建专制制度辩护，称为老年黑格尔派；一派坚持黑格尔体系中的革命因素，用辩证法批判封建专制制度和宗教，称为青年黑格尔派。博士俱乐部就是由一些持有青年黑格尔派观点的，30 岁左右的教授、讲师、作家、律师、新闻工作者和文学批评家

---

① 《马克思恩格斯全集》第 40 卷，人民出版社 1982 年版，第 651 页。

等组成的，其头面人物有柏林大学神学讲师布鲁诺·鲍威尔博士、士官学校地理教员阿道夫·鲁滕堡博士、中学历史教员卡尔·科本博士等。

一次，卡尔在施特拉劳小渔村散步时，与阿道夫·鲁滕堡博士不期而遇。他们相见恨晚，谈得非常投机。由于卡尔才华横溢，他的思想又与博士俱乐部成员的思想相近，因此，阿道夫·鲁滕堡欣然推荐卡尔进入了他们那个颇有影响的圈子，卡尔成了博士俱乐部的成员。

博士俱乐部在当时很活跃，它的成员定期在离柏林大学不远的一个咖啡馆聚会。他们一边喝着咖啡或啤酒，一边讨论问题。他们批判宗教和封建专制制度，针砭时弊，并互相交流在各自领域中学习和研究的心得、体会。有时大家会就一个共同关心的问题进行研讨，其中不乏相互冲突的观点。但切磋的结果却使每个人无论是在哲学理论上，还是在政治思想上，都得到了锻炼和提高。卡尔也在其中获得了十分有益的知识和灵感，他经常把自己的思想与那些杰出朋友的思想进行对比，取长补短。

卡尔是博士俱乐部最小的成员，也是唯一一名在校大学生，却以敏锐的思维、精辟的见解、丰富的知识博得了比他年长许多的其他成员的敬重。青年黑格尔分子爱德华·梅因称赞他不仅才华横溢，而且还有坚强的毅力。

年轻的历史学家科本称卡尔是"一个思想库、一个工作房，或者按照柏林人的说法，是一个思想巨人"。他还在自己的著作《伟大的弗里德里希及其反对者》一书的扉页上特别注明："献给特利尔的卡尔·马克思。"他和卡尔终生都保持着真诚的友谊。

另一位青年黑格尔分子莫泽斯·赫斯在给朋友的信中说："我所崇拜的马克思博士还是一个很年轻的人（他大概不到 24 岁），他将要给中世纪的宗教和政治以最后的打击。在他身上既有最深奥的哲学的严肃性，也有最机敏的智慧；请你想象一下，卢梭、伏尔泰、霍尔巴赫、莱辛、海涅和黑格尔结合成一个人；我所说的结合不是机械地混合——这将会使你得到一个关于马克思博士的概念。"①

---

① ［苏］彼·费多谢耶夫等：《卡尔·马克思》，三联书店 1980 年版，第 16—17 页。

就连青年黑格尔派公认的、博士俱乐部最有才华的领导者布鲁诺·鲍威尔，对卡尔也非常欣赏，他们互相钦佩，两人成了无话不谈的至交。

施特拉劳小渔村的疗养，使卡尔的人生道路出现了新的转机。他完成了从法学向哲学，从康德、费希特的主观唯心主义哲学向黑格尔的客观唯心主义辩证法的重大转变，其间虽经历了烦恼、焦躁、彷徨……但他的可贵之处就在于能够不断地调整自己，果断地走出迷惘。

现代普罗米修斯的自白

卡尔经过艰辛的探索，决心致力于哲学研究。他对自己的人生方向越来越明确了，那就是献身学术，传播真理，与宗教和封建专制制度进行斗争。为此，卡尔计划在学业完成之后到大学里任教。

亨利希·马克思不同意卡尔的打算。因为按照他的安排，儿子凭着才华，完全可以成为一位杰出的律师或法官，他希望儿子至少能过上中产阶级那种安定、舒适的生活。可儿子却选择了哲学研究的道路，这意味着终生的颠沛流离、艰辛困苦和生活的毫无着落。父亲不忍心看到自己的爱子走上这样一条布满荆棘的坎坷之路，竭力劝说儿子接受父母的建议。无奈卡尔决心已定，父亲只好怀着深深的遗憾，同意儿子将来到大学任教，但要争取得到哲学教授的头衔。

天有不测风云，人有旦夕祸福。1838 年 5 月 10 日，始终为卡尔护航的父亲久病不愈，不幸与世长辞，终年 61 岁。这一年，卡尔刚刚 20 岁。20 年来，父亲对他百般呵护和严格教诲，无论遇到什么问题，他都毫无保留地向父亲倾诉，而父亲也都乐此不疲地为他指点迷津。父亲的离世，使卡尔陷入从未有过的失落之中……

路，还要坚定地走下去，这是告慰父亲的最佳选择。马克思决定考取博士学位，否则，在大学里当教授是没有希望的。

1839 年初，他在研究黑格尔哲学的基础上，研究了古希腊哲学史，特别是研究了伊壁鸠鲁派、斯多葛派和怀疑派哲学。这三派都是黑格尔所说的"自我意识哲学"，对青年黑格尔派的影响颇大，马克思也极感兴趣。黑格尔和青年黑格尔派都曾研究过这三派的哲学体系，但黑格尔只是大体上说明了这些体系的一般特点，没有深入研究个别细节，更没有看到这些体系对古希腊哲学史的重大意义。而青年黑格尔派如鲍威尔，虽然对于三派哲学给予高度评价，并认为这些体系是自我意识发展的新阶段，但并未达到对这些体系的正确理解。而这些体系恰恰是理解希腊哲学真正历史的钥匙。为了弄清楚这个问题，马克思阅读了古希腊哲学家大量的著作，仅在研究伊壁鸠鲁哲学时，就写下了7大本笔记。

1840年下半年，马克思确定了自己的博士论文题目："德谟克利特的自然哲学和伊壁鸠鲁的自然哲学的差别"。马克思之所以选择这个题目，是因为在他看来，伊壁鸠鲁哲学和德谟克利特哲学有一种继承关系，而青年黑格尔派与黑格尔哲学也有一种继承关系。他认为，通过对德谟克利特哲学发展到伊壁鸠鲁哲学的研究，可以更进一步地理解青年黑格尔派与黑格尔哲学的关系，从而预见哲学发展的未来走势。同时，马克思还想通过对哲学史的研究，解决他一直思考着的一个问题，即哲学应该怎样面对外部世界的问题。

马克思没有拘泥于前人研究的框框，他以独特的视角重新审视了两位思想家的自然哲学，突破了许多历史上的传统看法和当时流行的观点。他从细节上具体考察了伊壁鸠鲁和德谟克利特在自然哲学上的差别，认为这两个人虽然都把原子论作为自己哲学的基础，但由于他们所处的时代不同，具体观点也不尽相同。

对于这两位思想家的观点，马克思更推崇伊壁鸠鲁的自然哲学。他认为，伊壁鸠鲁的原子偏斜说虽然在物理学上是站不住脚的，但是在哲学上却是有意义的。他把它解释为自由和能动原则。他认为只有从这个原则出发，才能不畏神威，不畏宗教黑暗势力，才能改变不合理的世界。

马克思在赞赏伊壁鸠鲁自由和能动原则的同时，却对他的只能通过使个人脱离世界、献身哲学的途径来获得自由的观点，持否定态度。他认为，伊壁鸠鲁脱离人与环境、哲学与世界的关系，孤立地谈论人的自由，这就把自由抽象化了。人不能脱离社会而孤立存在，只有把人置于社会之中，从他与周围环境的密切联系与相互作用中来加以考察，才有可能解决自由问题。

马克思还高度评价了伊壁鸠鲁对宗教的批判精神和战斗的无神论思想。他在博士论文的序言中指出："哲学，只要它还有一滴血在它那个要征服世界的、绝对自由的心脏里跳动着，它就将永远用伊壁鸠鲁的话向它的反对者宣称：'渎神的并不是那抛弃众人所崇拜的众神的人，而是同意众人关于众神的意见的人。'"①

马克思在博士论文的序言中，还借用普罗米修斯的自白"老实说，我痛恨所有的神"来申明自己的无神论思想。他认为，对神的信仰反映了意识发展的低级阶段。人的自我意识高于神灵，神是不能同人的自我意识相提并论的。神具有超自然的非理性的特征。因此，对于无理性的人来说，上帝才存在。马克思这种战斗的无神论思想，奠定了他后来向唯物主义转变的基础。

当然，马克思在写作博士论文时，还是个唯心主义者，他强调的自我意识哲学，带有明显的青年黑格尔派思想的印记。但马克思又与青年黑格尔派有所不同，他更注重于自我意识与现实、哲学与世界的联系。他提出了哲学应该积极面对现实的原则，主张哲学不应局限于批判世界，还应致力于改造世界，这就是"世界的哲学化"和"哲学的世界化"过程。

博士论文是马克思运用黑格尔的辩证法分析重大理论问题的第一次尝试，它标志着马克思思想发展的一个重要阶段。在博士论文里，处处闪耀着他那种既继承前人又超越前人的革命批判精神的光辉，无论是评述德谟克利特和伊壁鸠鲁，还是评述黑格尔和青年黑格尔派，都充分体现了这一点。

这篇论文的最大创新之处是高度评价了伊壁鸠鲁哲学所具有的独特革命精神和深远影响，改变了人们对伊壁鸠鲁哲学的歪曲和误解，解决了一个在古希腊哲学史上悬而未决的问题。

1841 年 3 月，不知疲倦的马克思终于结束了博士论文的写作。从

---

①《马克思恩格斯全集》第 40 卷，人民出版社 1982 年版，第 189 页。

论文的序言中可以看出，他为全人类幸福而工作的信念更加坚定。他表明要像古希腊神话中盗天火给人类的普罗米修斯那样，无论经历怎样的痛苦和磨难，也不放弃对真理的执著追求。他借普罗米修斯之口表达了自己的心声：

> 你好好听着，我绝不会用自己的痛苦
>
> 去换取奴隶的服役：
>
> 我宁肯被缚在崖石上，
>
> 也不愿作宙斯的忠顺奴仆。[①]

马克思论文中鲜明的反对宗教和封建专制制度的思想倾向，使他的朋友鲍威尔感到震惊。他写信劝马克思，不要把埃斯库罗斯的那些诗句写进博士论文，不要把哲学发展之外的东西写进去。这些只会给敌人提供叫嚷的机会，甚至他们会让你长期远离讲坛。但马克思既然已经吹响了向旧世界宣战的号角，他便绝不轻易后退。他最终还是没有删掉那些激烈的言辞。

正因为如此，马克思没有在柏林大学申请博士学位，因为柏林大学处在普鲁士反动政府的控制之下，他的独立学术见解和政治倾向很难在答辩中通过。为了避免不必要的麻烦，马克思把博士论文和有关材料寄给了当时被认为是政治空气比较自由的耶拿大学审议。这篇论文受到了主持鉴定工作的哲学系主任卡·弗·巴赫曼教授的赞赏。他在马克思博士论文的推荐书中写道："该候选人才智高超、见解透彻、学识渊博……实应授予学衔。"[②]哲学系的其他教授也一致同意系主任的意见。

鉴于马克思的博士论文具有较高的水平，因此未经答辩和进一步的考试，耶拿大学便发给了马克思哲学博士学位证书。时值 1841 年 4 月 15 日，马克思还未满 23 周岁。

[①]《马克思恩格斯全集》第 40 卷，人民出版社 1982 年版，第 190 页。
[②]《马克思恩格斯全集》第 40 卷，人民出版社 1982 年版，第 899 页。

初出茅庐的选择

步入社会的当头一棒

马克思在获得博士学位之后，踌躇满志，准备在大学讲坛上一展身手，实现自己的理想。

1841年4月中旬，马克思结束学业，从柏林回到特利尔。他中等身材，头发黑黑的，胡子黑黑的，深褐色的眼睛透着睿智的光芒，神情中充满着不容置疑的自信。他已从离家前的毛头小伙子，成长为一个沉稳、成熟的青年。

回到家乡之后，马克思迫不及待地去看望了燕妮和威斯特华伦男爵。就在他和燕妮秘密订婚的第二年春天，他便写信向燕妮家里求婚，通情达理的男爵已同意了他们的请求。

马克思怀着一颗感恩的心把自己的博士论文献给了这位自幼摸着他的头顶、看着他长大，曾给予他无数知识和启迪的威斯特华伦男爵。在论文的扉页上，马克思恭敬地写道："我敬爱的父亲般的朋友，请您原谅我把我所爱慕的您的名字放在一本微不足道的小册子的开头。我已完全没有耐心再等待另一次机会来向您略表我的一点敬爱之意了。"[1]马克思深情地说："您，我的父亲般的朋友，对于我永远是一个活生生的证据，证明理想主义不是幻想，而是真理。"[2]在马克思成长的过程中，威斯特华伦男爵所付出的心血，不亚于他的父亲。

马克思这次返乡，还有一个美好的心愿，那就是与他日夜思念的、

---

[1][2]《马克思恩格斯全集》第40卷，人民出版社1982年版，第187页。

马克思的故事

订婚已 5 年的燕妮完婚。

但是自从父亲去世之后，马克思家里的经济状况日益拮据，母亲希望家中的长子能早些赚钱帮她养家糊口。没想到马克思没有获得法学学位却获得了哲学学位，不去谋取高官厚禄而要去大学教书。母亲真是"恨铁不成钢"，她怎么也不能理解，卡尔为什么这样倾心于"对生计毫无益处"的哲学研究活动？她感到马克思违背了父母的意愿，一气之下，拒绝分给他一份父亲的遗产。

马克思理解母亲的苦衷，但是他献身于理论研究的理想业已确立，那就什么样的磨难也动摇不了他的坚定信念。婚期可以推迟，志向不能改变。马克思在征得燕妮的同意之后，决定先去波恩谋职。在波恩大学当副教授的布鲁诺·鲍威尔早就催促他了。

本来，凭着马克思的才能和学识，在波恩大学谋得讲师的职位是不成问题的。马克思的朋友们曾预言，他讲课一定会出现"轰动效应"。然而，当马克思 1841 年 7 月到达波恩后，残酷的现实又给他当头一击。正像他在中学毕业作文中所阐述的那样，人们在选择职业时难免会受到社会的制约。

当时波恩的情况正急剧恶化。1840 年登上王位的弗里德里希·威廉四世撕下了"开明君主"的伪装，明目张胆地对资产阶级自由主义和民主主义进行镇压。在大学里，教学自由被取缔了，许多进步的学者被逐出大学校门。青年黑格尔派分子布鲁诺·鲍威尔因为发表了批判福音书的新作而受到宗教信徒们的攻击。不久，国王找借口禁止鲍威尔在大学讲课，后来又解除了他的副教授职务。

在这种情况下，与鲍威尔有着密切关系的马克思受到牵连，波恩大学拒绝了他的求职申请，他的工作一时没了着落。但马克思并没有因为反动势力的猖獗而退缩，他在波恩住了下来，一边寻找就业的机会，一边继续进行他的理论研究工作。马克思认为，自己虽然获得了博士学位，但还有许多问题需要进一步深入探究。

在波恩的日子里，他阅读了大量的著名学者的著作。就在这个时候，1841 年夏，路德维希·费尔巴哈出版了《基督教的本质》一书，马克思一口气读完了这部著作，顿时感到耳目一新。

费尔巴哈早年曾在德国爱尔兰根大学执教，由于反对宗教，受到反动政府的迫害，长期在乡村隐居，但他一直没有放弃对哲学的研究。在《基督教的本质》一书中，费尔巴哈用唯物主义的观点，对宗教进行了彻底的批判，他认为自然界离开人的意识而独立存在，思维是存在的反映，人是自然的产物，神不过是人的本质的虚幻反映。他旗帜鲜明地指出，不是神创造人，而是人创造神。费尔巴哈第一次突破了唯心主义在德国长达数十年的统治，恢复了唯物主义的权威。

这部书的问世，引起了普遍的关注，对马克思的思想发展也产生了巨大影响。正像恩格斯后来所回忆的那样："这部书的解放作用，只有亲身体验过的人才能想象得到。那时大家都很兴奋：我们一时都成为费尔巴哈派了。"[1]马克思通过对费尔巴哈和其他哲学家著作的研究，写下了 5 大本笔记。

可是，马克思却始终找不到适合他的工作。他重新调整了思路，心想，既然不能利用大学讲坛同宗教神学和封建专制制度进行斗争，那么，写一些政论文章发表，不是同样可以达此目的吗？于是，他毅然投身到反对普鲁士专制制度的政治斗争之中，由此逐步实现了从唯心主义向唯物主义，从革命民主主义向共产主义的转变。

马克思作为战士而不是作为学者所写的第一篇战斗檄文是《评普鲁士最近的书报检查令》。他对普鲁士政府表面上放宽实则更加严格控制的"新闻出版自由"进行了揭露和批判。

这个新的书报检查令一方面声称允许对国家机构及其个别部门进行评价，对法律进行讨论；另一方面，又要求人们要"严肃和谦逊"。马克思指出了它的虚伪性和欺骗性，他认为，学术界有各种各样的风格和流派，不应加以限制，如果强行规定某一种风格，实际上是扼杀了学术研究自由，不允许人们去探寻真理。

马克思以犀利的语言抨击道："你们赞美大自然悦人心目的千变万

---

[1]《马克思恩格斯选集》第 4 卷，人民出版社 1972 年版，第 218 页。

马克思的故事

化和无穷无尽的丰富宝藏，你们并不要求玫瑰花和紫罗兰发出同样的芳香，但你们为什么却要求世界上最丰富的东西——精神只能有一种存在形式呢？我是一个幽默家，可是法律却命令我用严肃的笔调。我是一个激情的人，可是法律却指定我用谦逊的风格。没有色彩就是这种自由所许可的唯一色彩。每一滴露水在太阳的照耀下都闪耀着无穷无尽的色彩。但是精神的太阳，无论它照耀着多少个体，无论它照耀着什么事物，却只准产生一种色彩，就是官方的色彩！"①

马克思揭露了这个书报检查令的真正用意是扼杀言论自由，完全禁止人们批判基督教，并企图阻止对现存制度的一切批判。他主张，治疗书报检查制度的真正而根本的办法，就是废除书报检查制度，因为这种制度本身是一无用处的。

这篇政论文章，表明了马克思的革命民主主义立场，尽管文章中还带有强调理性的唯心主义色彩，尽管当时的马克思还没有认识到改革社会的决定性因素，但是他那种敏锐的政治洞察力、革命的批判精神以及卓越的才华已露出冰山之一角。

马克思把这篇具有战斗力的文章，寄给在德累斯顿办《德国年鉴》的青年黑格尔分子卢格，受到卢格的赞赏。但由于书报检查的原因，《德国年鉴》无法刊载。卢格把它编入一部《德国现代哲学和政论界轶文集》，直到一年以后，才在瑞士面世。

在波恩逗留期间，马克思还与鲍威尔合作编写了《无神论文库》。第一部书是《对黑格尔、无神论者和反基督教者的末日的宣告》，矛头直指宗教蒙昧主义和旧的封建秩序，出版后很受欢迎，但也遭到反动当局的查禁。第二部书是《黑格尔对宗教和基督教艺术的憎恨以及他对全部国家法律的破坏》，但这部书一直未能问世，主要是马克思在写作的过程中，思想发生了新的变化，他察觉出自己在一些问题上与鲍威尔的见解已有所不同。鲍威尔只是停留在哲学批判上，而他则认为，仅在哲学领域批判普鲁士专制制度是不够的，还应投身于政治斗争，直接向反

----

①《马克思恩格斯全集》第40卷，人民出版社1982年版，第7页。

动政府宣战。

1842 年初，威斯特华伦男爵病重。马克思对这位父亲般的朋友怀有深厚的感情，他放下手中的笔，从波恩回到特利尔，守在受病魔折磨的威斯特华伦男爵身边，照顾这位可敬的老人，直到老人离世。

编辑部中显身手

马克思在特利尔处理完威斯特华伦男爵的丧事及自己家里的一些事务之后，又回到波恩，继续为生计奔走。这时，《莱茵报》吸引了他的眼球。

这是由莱茵省的大资产阶级代表人物于 1842 年初出资创办的报纸。随着莱茵省工商业的迅速发展，这些颇有影响的人物认为有必要利用报纸来反映他们的利益诉求。为了扩大影响，他们专门物色了一些青年黑格尔派的代表参加报纸的编辑工作。鲍威尔兄弟、赫斯、科本等著名的青年黑格尔分子都是《莱茵报》的撰稿人。马克思还把自己的朋友鲁滕堡博士推荐给报社任主编，

不久，马克思也决定投身其中。1842 年春，他作为《莱茵报》的主要撰稿人，开始写作一篇篇的政论文章。在这些文章中，影响最大的是评论莱茵省第六届议会辩论的政论文章，题目是"关于出版自由和公布等级会议记录的辩论"。文章发表以后，引起很大轰动，因为它涉及社会的敏感问题，即书报检查和言论自由。这篇文章与他先前写作的《评普鲁士最近的书报检查令》相比，已不是一般的论述出版自由问题，而是联系社会各个等级和阶层对待出版自由的不同态度来进行具体分析。因此，更加切中要害，入木三分。

马克思通过分析得出的结论是，从出版自由辩论中可以看出省议会的等级性质。他一语中的："在这里论战的不是个别的人，而是等级。"①这样，马克思就从对普鲁士封建专制制度的批判，深入到对这个制度的社会基础，即贵族统治和等级特权的批判了。

———————————

① 《马克思恩格斯全集》第 1 卷，人民出版社 1956 年版，第 42 页。

马克思的故事

《莱茵报》的读者很快就发现，署名为"莱茵省一居民"的文章思维敏锐、笔锋锐利，它迥然不同于报纸上的其他文章。"莱茵省一居民"，实际上就是马克思。每期报纸，读者最关注的就是有没有他的文章。《莱茵报》的股东们也发现了这个年轻人。他们要的就是经济效益，只要读者争相购阅，即便文章中有一些激烈的言辞，他们也宁愿睁只眼闭只眼了。1842年10月，风华正茂的马克思被股东们聘为《莱茵报》的主编。

马克思非常感慨，经过一年多的打拼，终于找到了一份属于自己的工作，一个没有使他奴颜婢膝、放弃理想的工作。随即，他迁往科伦。

马克思的办报原则是，不要让撰稿人领导报纸，而要让报纸领导撰稿人。他反对登载那些脱离实际的纯学术文章，更反对登载那些对当权者摇尾乞怜的文章。他主张，报纸应体现群众的基本要求。在他的主持下，报纸的革命民主主义倾向越来越鲜明，完全成了民主进步人士的代言人。《莱茵报》的影响越来越大，发行范围遍及全国，甚至超越了普鲁士的国界。1842年8月，这份报纸还只有885个订户，可到了11月，就增加到1800户，而1843年1月，则发展到3400户了。

在此期间，马克思接触到的社会现实问题越来越多，有的甚至是他以前从未涉足过的领域。

在当时的普鲁士，农民的生活非常困苦，为了解决燃料问题，他们不时去树林里捡一些枯枝来烧。没有这些可怜的枯枝，他们真不知道怎样才能度过寒冷的冬天。可是普鲁士政府却提出了一个林木盗窃法，声称未经土地和林木所有者允许去捡枯枝的，是犯了盗窃罪，而莱茵省议会竟然通过了这个法案。

面对这种情况，马克思挺身而出，毅然为劳苦群众辩护，他奋笔写下了《关于林木盗窃法的辩论》一文。马克思认为，穷人到森林里去捡些枯枝当柴火，贫苦孩子到树林中采点野果换几个零钱，这是他们的习惯权利，不能把捡枯枝的行为当做盗窃行为来加以治罪。他从法的角度论证了穷人拾捡枯枝的习惯是合乎本能的权利，是合法的。他巧妙地辩解说，落下的枯枝不再是林木，它是自然界的布施，而不是林木占有者的财产。因此，正如富人不应要求在大街上的施舍物一样，他们也不应该要求自然界的这种施舍物。如果把拾捡枯枝和盗窃林木混为一谈，"那末法律就是撒谎，而穷人就会成为法定谎言的牺牲品了"①。

马克思指出，莱茵省议会支持对砍伐林木的人加重治罪，甚至规定对穷人拾捡枯枝严厉惩罚的法案，维护的根本不是法，而是林木私有者的私人利益。等级国家的法律是维护私人利益的，等级议会是保护私有者利益的工具，他们与人民的利益是根本对立的。

虽然此时马克思的思想还带有黑格尔的影响，还认为国家是整个社会利益的代表者，但他已看到私有者利益同现存国家政策之间的联系，已意识到普鲁士国家决不像黑格尔哲学所赞赏的那样，是至善至美的国家。

对于普鲁士国家反人民的本质，马克思在 1843 年初发表的《摩塞尔记者的辩护》一文中作了更进一步的揭露。

1842 年，记者科布伦茨在《莱茵报》上发表了一篇通讯，对摩塞尔河沿岸种植葡萄的农民的贫困状况作了报道，批评政府的漠不关心。没想到，省督冯·沙培尔大为光火，指责《莱茵报》诽谤政府。马克思作为主编，即刻奋起加以回击。

他亲自到摩塞尔河地区进行考察，他从小生活在这里，对这里再熟悉不过了。那些农民既受封建贵族的残酷剥削，又受资产阶级和商人的无情掠夺。每年农民卖葡萄的钱所剩无几，可是政府又要向他们征收沉重的税款。农民的生活惨不忍睹。

马克思收集了大量的文献资料。在《摩塞尔记者的辩护》一文中，他以确凿的数字和具体的事实列举了摩塞尔河两岸农民的贫困状况，说明普鲁士的官僚们确实没有采取过任何措施为这些农民提供过帮助。可有些人把摩塞尔种植葡萄的农民的贫困状况，说成是由于自然条件的变化和个别官吏的失职造成的。对此，马克思进行了严厉的驳斥。他明确指出，农民贫困的根本原因在于普鲁士国家制度，不能简单把它看做是

① 《马克思恩格斯全集》第 1 卷，人民出版社 1956 年版，第 139 页。

由于天灾或个别官员的失职造成的。在现存制度下，人民不能期待从政府那里得到好处，由此得出的结论是，要解决农民的贫困问题，必须彻底改变这个制度。

《莱茵报》的革命民主主义特色越来越鲜明，这使普鲁士反动政府深感恐慌。为了加强对报纸的控制，他们接二连三地派来检察官。这样，马克思不得不与检察官巧妙周旋。

一天晚上，检察官多里沙尔要带太太和女儿去参加省督邀请的舞会。可快 22 时了，报纸清样还没送来。当时规定，报纸的清样必须连夜送交检察官审查合格后，第二天才可见报。检察官急得像热锅上的蚂蚁，无奈只好让太太和女儿先走。他打发仆人前往印刷厂取报纸清样，一会儿仆人回来说，印刷厂已没有人了。

检察官大为光火，只好亲自驱车去找马克思。当他找到马克思的住所时，已是 23 时多了。一阵急促的敲门过后，马克思才在三楼的一个窗户里探出头来。检察官大声吼道："清样！"马克思假装听不清楚。直到检察官喊得声嘶力竭了，马克思才告诉他："明天不出报了。"检察官感到受了捉弄，可又无可奈何，只好悻悻而去。马克思经常会与检察官斗智斗勇，给检察官送去一些次要的材料让他审查，出版时，一些必要的文章又巧妙地同读者见面了。

随着《莱茵报》革命影响的日益扩大，普鲁士政府感到威胁的日益加重，他们决定查封《莱茵报》。报纸的股东们为了不使自己的经济利益受到影响，决定用降低报纸政治调子的手段来维持《莱茵报》的生存。可是，妥协、退缩不是马克思的性格，马克思决定退出《莱茵报》。他说："在这种气氛下我也感到窒息。即使是为了自由，这种桎梏下的生活也是令人厌恶的，我讨厌这种小手小脚而不是大刀阔斧的做法。伪善、愚昧、赤裸裸的专横以及我们的曲意奉承、委曲求全、忍气吞声、谨小慎微使我感到厌倦。总而言之，政府把自由还给我了。"[1] 1843 年 3 月 17 日，马克思发表了退出编辑部的声明。

_____

①《马克思恩格斯全集》第 27 卷，人民出版社 1972 年版，第 439—440 页。

工作虽然失去了，但对于马克思来说，这却是一段难得的经历。正是这段经历，使他萌发了研究经济问题的动机。这种契机对于他最终成为科学社会主义的创始人，具有决定性的意义。

莱茵河畔之恋

马克思结束了《莱茵报》的主编生涯之后，离开科伦，来到了克罗茨纳赫。

克罗茨纳赫是位于莱茵河畔的一个小镇，离特利尔城大约50英里的路程。这里住着马克思心爱的姑娘燕妮。自从威斯特华伦男爵去世之后，燕妮和她的母亲就来到了这里。

马克思忘不了1836年的那个暑假。在燕妮家的花园里，正是夜莺低唱的美好夜晚，他拉起早就心仪的女友燕妮的手，紧紧地握着，轻声地说："我们相爱吧！秘密地相爱？"

燕妮吻着马克思的手，温柔地点了点头。

青年时代的燕妮·马克思

马克思虽然出身于律师家庭，但毕竟属于市民阶层。而燕妮出身于名门望族，他的哥哥斐迪南后来又成了普鲁士的内务大臣。在那个等级和门第森严的社会里，贵族是不能与平民联姻的。更何况马克思当时还是个在校大学生，又远在千里之外的柏林求学，不能经常与燕妮卿卿我我，花前月下。燕妮那么优秀，人品出众，才貌超群，身边又有众多的追求者。他们的爱情能经得住时间和空间的考验吗？

转眼之间，7年过去了。"爱，既非环境所能改变，爱，亦非时间所能磨灭"。马克思仍然是那个深爱着燕妮的马克思，燕妮仍然是那个对马克思一往情深的燕妮。虽然在此期间发生了太多的事，可是已经没有什么力量能够把他们分开了。

马克思的故事

从感情上说，处在热恋中的马克思，刚离开燕妮时，简直不能自已，他在给父亲的信中说："艺术也不如燕妮那样美。"他写诗、写情书，宣泄自己的情感，但从理智上说，马克思深知，作为男子汉，就要担起责任，要给燕妮一个交代。他以顽强的意志，克制着自己的情感，把对燕妮全部的爱倾注到对理想和事业的追求中。经过7年的努力拼搏，他已实现了自己阶段性的目标。马克思觉得，他完全能够向等待多年的燕妮证明，自己已经是父亲所希望的那种"值得世界尊敬并且知道如何赢得世界尊敬的人"。

7年里，燕妮在漫长的等待中，除忍受着相思之苦外，一方面要婉言谢绝那些拥有财富和地位的登门求婚者，另一方面还要奋力为自己的婚姻自主抗争。

威斯特华伦男爵夫妇虽然多少为燕妮没能选择富裕舒适的生活感到遗憾，但他们理解燕妮和马克思，尊重两个孩子的意愿。而燕妮在普鲁士政府当官的同父异母哥哥斐迪南，对这门婚事却极力反对，并千方百计加以阻挠。其他亲属也轮番对燕妮施加压力，要她嫁到有钱有势的家庭去。在威斯特华伦男爵去世后，燕妮的处境更为艰难，亲属们纠缠着燕妮，非要她与马克思解除婚约不可。而燕妮不但拥有美丽的外表，更具有高尚的心灵。随着时间的流逝，她越来越为马克思的卓越才能、惊人智慧和博大胸怀所倾倒，她愿意把自己一生的幸福与马克思联系在一起，即使牺牲显赫的地位、舒适的生活也在所不辞。

马克思需要的正是具有这样品格的女人作为自己的人生伴侣，因为他深知，自己的生命已与全人类的解放事业联系在一起，这就意味着他人生道路的坎坷曲折，他生活的困苦艰辛。没有一个不追求荣华富贵而追求理想的高尚女人与他同行，理解他、支持他，他是不能成就一番伟大事业的。马克思选择了燕妮，他终生都为自己的选择而感到骄傲、自豪。

燕妮也选择了马克思。1843年3月，她在给马克思的一封信中，深情地说："你的形象巍立在我面前，是那样光辉，充满着胜利的力量，我的心渴望着时刻跟你在一起……不论你到帕斯里蒂尔，或是到金色的默滕，不论你去找卢格老爹，或是去找潘泽，我都陪伴着你，时而在前，时而在后地追随着你。但愿我能为你扫清和铺平道路，消除你路上的一切障碍！"①燕妮是这样说的，也是这样做的。她一生追随马克思，历尽颠沛流离，艰难困苦，但她对自己的选择，义无反顾，终生无悔。

1843年6月19日，马克思和燕妮梦寐以求的一天来到了，他们终于结束了漫长的期望和等待，幸福地在克罗茨纳赫燕妮母亲的住宅里举行了简朴的婚礼。

蜜月里，他们在燕妮的母亲和弟弟埃德加尔的陪伴下，在富有诗意的莱茵河畔作了新婚旅行，从克罗茨纳赫到普法尔茨，到巴登－巴登，再回到克罗茨纳赫。那是他们一生中最快乐、最幸福的时光。

从此，燕妮摆脱了贵族家庭的束缚，以一种无私的奉献精神坚定地与马克思站在一起，投身到他所为之奋斗的事业中。正如恩格斯所说的那样："燕妮·马克思不仅和她的丈夫共患难、同辛劳、同斗争，而且以高度的自觉和炽烈的热情投身在中间。"②

马克思获得了燕妮这样一个生活中的忠实伙伴和事业上的得力助手，这是他一生所取得的胜利中最辉煌的胜利。马克思和燕妮从此在生活的漫漫长途中携手并肩，相濡以沫。历史就是这样既偶然又必然地把一个伟大的男人和一个伟大的女人结合在一起，使他们成为令世人仰慕的一对伟大夫妻。

马克思和燕妮婚后的生活，虽然在漂泊流亡、穷困潦倒中度过，但有共同的理想做纽带，他们夫唱妇随，始终甜蜜如初。燕妮思维敏捷，文笔流畅，马克思对她的智慧和才华非常钦佩。马克思忘我地从事理论研究，燕妮是他的秘书和助手。马克思的手稿字迹潦草，有时他自己都难以辨认，但燕妮把它誊写得工工整整。燕妮在给朋友的信中自豪地说，坐在卡尔小房间里转抄他那潦草不清的文章的那些日子，是自己一生最幸福的时刻。

①《马克思恩格斯全集》第40卷，人民出版社1982年版，第904页。
②《马克思恩格斯全集》第19卷，人民出版社1963年版，第319页。

马克思的故事

燕妮还建议马克思在写政论文章时，要尽量幽默些、轻松些，不要那样好动肝火，好发脾气。马克思对燕妮的意见非常重视，他的手稿总是在得到燕妮的首肯之后才拿去付印。

马克思和燕妮结婚之后，或是由于工作，或是由于家事，有时也会有暂时的别离，但在他们往来的信件中，仍互相充满着激情。马克思最小的女儿爱琳娜在谈到父母的爱情时曾经说过，马克思一生中不是普通地爱而是炽热地爱他的妻子。马克思38岁时写给燕妮的信中所燃烧的爱情，就像18岁青年写的情书一样。而那时燕妮都已经是6个孩子的母亲了。

1863年，当马克思经历了那么多的磨难，回到故乡特利尔，重新拜访威斯特华伦的旧居时，还陶醉在当年的幸福之中。他在给燕妮的信中写道："它比所有的罗马古迹都更吸引我，因为它使我回忆起最幸福的青年时代，它曾收藏过我最珍贵的瑰宝。此外，每天到处总有人向我问起从前'特利尔最美丽的姑娘'和'舞会上的皇后'。做丈夫的知道他的妻子在全城人的心目中仍然是个'迷人的公主'，真有说不出的惬意。"①

几十年的艰苦岁月虽逐渐改变了燕妮的青春风采，但却没有改变马克思对她深深的爱恋。马克思动情地说："诚然，世间有许多女人，而且有些非常美丽。但是哪里还能找到一副容颜，它的每一个线条，甚至每一处皱纹，能引起我的生命中的最强烈而美好的回忆？甚至我的无限的悲痛，我的无可挽回的损失，我都能从你的可爱的容颜中看出，而当我遍吻你那亲爱的面庞的时候，我也就能克制这种悲痛。"②

马克思和燕妮在"整整的一生中，不论在幸福的时刻或在困苦的日子里，爱情和友谊始终联系着他们，他们从不知道动摇和疑虑，他们互相忠实到生命的最后一刻，甚至死亡也未能使他们分开"③。

莱茵河水日夜不息地奔腾着，把这世界上最纯洁、最美好的爱情故事传颂。

---

① 《马克思恩格斯全集》第30卷，人民出版社1975年版，第640页。
② 《马克思恩格斯全集》第29卷，人民出版社1972年版，第516页。
③ 苏共中央马克思列宁主义研究院编，胡尧之等译：《回忆马克思恩格斯》，人民出版社1957年版，第292—293页。

走上荆棘丛生之路

马克思在克罗茨纳赫与燕妮完婚之后，蜜月未过，便投入紧张的理论研究工作中。按理说，新婚燕尔，是人一生中最宝贵的时光，夫妻之间卿卿我我，陶醉在甜蜜之中，也是人之常情。然而，马克思想到，新的更加严峻的斗争在呼唤着他，他要抓紧一切时间，为即将到来的斗争做些理论准备。

早在《莱茵报》被查封之后，马克思就强烈地感受到，德国的书报检查制度令人窒息。他已经无法在这块土地上做他想做的事情，他决定到国外去另辟阵地。

经与青年黑格尔派分子阿尔诺德·卢格商议，他们准备前往欧洲革命运动的策源地——巴黎，合办一个能把德国的哲学思维和法国的政治热情结合起来的革命刊物，他们把这个新刊物命名为《德法年鉴》。而且马克思与卢格达成共识，要以此为阵地，"对现存的一切进行无情的批判"并"在批判旧世界中发现新世界"。卢格承诺，每年可以支付马克思 6000 塔勒①的酬金。

筹办新刊物，首要的是准备好满足刊载需要的文章。马克思在克罗茨纳赫用了将近半年的时间，进行了大量的理论研究工作，并取得了两项重大的理论成果，一是完成了《黑格尔法哲学批判》手稿，这部手稿由于多种原因，1927 年才公之于世。二是做了大量的历史研究，写了 5 大本笔记，这就是著名的《克罗茨纳赫笔记》。

马克思这一时期所研究的内容，已与以往有很大的不同。以往他在大学时代在书斋里的研究，只是局限在抽象原则与现实事物之间的关系上。而在他走向社会，接触了现实之后再回到书斋里所进行的研究，则是现实社会中困扰着他的问题，即他在《莱茵报》当主编时遇到的一些实际问题。这些问题其实都同如何认识国家和法的实质有关。在马克思所信奉的黑格尔哲学那里，国家是理性和公正的，国家是普遍利益的

---

①塔勒为 18 世纪通行的德国银币，1 塔勒等于 3 马克。

代表，每个公民都是平等的。但严酷的现实动摇了马克思对黑格尔的信仰。他看到，现实中的普鲁士国家，根本不是理性的王国，它已"沦为林木占有者的工具"，完全扮演着私人利益维护者的角色。国家的法，也是为了维护私有者的经济利益而制定的。为了从理论上弄清这些问题，马克思开始用批判的眼光对黑格尔的法哲学重新进行研究，并写下了《黑格尔法哲学批判》手稿。

马克思这一时期所运用的理论研究方法，也发生了很大的变化，已依稀显露出费尔巴哈哲学的印记。早在 1841 年，马克思就读过费尔巴哈的《基督教的本质》，但那时马克思还是一个积极的青年黑格尔派分子，当时，他只注意到费尔巴哈哲学中的无神论和宗教批判成分，还没有注意到费尔巴哈哲学中的唯物主义观点。1843 年初，费尔巴哈发表了《关于哲学改造的临时纲要》。在费尔巴哈看来，思维与存在的真正关系只能是：思维是从存在而来的，然而存在并不来自思维。他认为，只要将思辨哲学颠倒过来，就能得到真理性的认识。

马克思运用费尔巴哈的方法，把黑格尔在《法哲学》中所颠倒了的理性和现实的关系又颠倒过来，由此，得出了一个重要的唯物主义结论：法的关系正像国家的形式一样，既不能从它们本身来理解，也不能从所谓人类精神的一般发展来理解，相反，它们根源于物质的生活关系。不是国家决定物质的生活关系，而是物质的生活关系决定国家。因此，要获得理解人类历史发展过程的锁钥，不应当到被黑格尔描绘成"整个大厦的栋梁"的国家中去寻找，而应该到黑格尔所轻蔑的物质生活关系中去寻找。

马克思对黑格尔哲学不是采取全盘否定的态度。他只是批判、抛弃了黑格尔哲学中的唯心主义体系，而继承和发展了黑格尔的辩证法。

对于费尔巴哈哲学，马克思认为也不能全盘接受，它也有一定的缺陷。费尔巴哈从抽象的人本主义出发，仅把人看做自然的产物，而没有看做社会的产物。同时他对黑格尔哲学的批判也仅仅局限在思维和存在的关系上，而没有能够触及社会存在和社会意识的相互关系问题，所以他的社会历史观仍然是唯心主义的。马克思既继承了费尔巴哈人本主义的唯物主义，又不断地扬弃它。实际上，当马克思运用费尔巴哈的唯物主义方法，分析复杂的社会现象时，业已超过了费尔巴哈，在社会历史领域里贯彻了唯物主义。

对黑格尔法哲学的批判，使马克思进一步认识到，仅仅利用德国哲学和实际经验是不能够解决所面临的现实问题的，还需要掌握更加丰富的历史知识。这样，在对黑格尔的国家和法的理论进行批判的同时，马克思还广泛地研究了历史。从公元前 6 世纪到 19 世纪 30 年代，他考察了 2500 多年各种不同社会的历史发展过程，特别是法国大革命的历史过程，阅读了 22 位作家的 24 部著作，摘录了法国、英国、德国、美国、意大利等国家的历史，还摘录了文艺复兴时期那些杰出的思想家的著作。马克思把各国的历史加以对照，力图找出这些国家特殊历史后面的一般历史进程，并发现推动历史发展的真正原因。

马克思特别分析研究了法国资产阶级大革命史，考察了不同阶级的利益冲突及其对革命进程的影响，以便进一步了解资产阶级政治对经济因素，特别是对所有制关系的依赖性。

在克罗茨纳赫的 5 大本笔记中，马克思摘录并整理了大量系统的历史资料，并对其中重大的历史事件进行了思考。这些知识不但对他分析研究黑格尔学说起到了重要作用，而且为他以后所写的一系列著作奠定了丰富的材料基础。

克罗茨纳赫时期是马克思在探索真理道路上的一个重要转折时期。通过总结《莱茵报》期间的实践经验，解决困扰他的现实问题，马克思从黑格尔走向了费尔巴哈，并实现了从唯心主义向唯物主义的重大转变。

在此期间，燕妮为了更好地适应马克思今后斗争的需要，也在不断地完善自身。她努力学习了黑格尔的辩证法，又钻研了费尔巴哈的著作。燕妮的优秀品格和博学多才，使她在未来的日子里成为她丈夫名副其实的助手。

就在马克思和燕妮积极准备去巴黎与卢格合办革命刊物、投入新的斗争之际，一天，一个陌生人突然来到克罗茨纳赫，找到马克思后自我介绍说:"我叫埃赛尔,是您父亲生前的朋友。"

马克思飞快地在自己的记忆中搜索着,终于想起了父亲曾提起过的、那位已是首席枢密顾问官的朋友。

埃塞尔直奔主题:"出于与您父亲的友谊,也是奉普鲁士政府的旨意,我今天专程来请您去政府任职。"

"谢谢您对我父亲的怀念和对我的照顾。但是,我不适合这份工作。"马克思婉言谢绝道。

"不,依您的才华,是完全适合的!要知道,不是任何人都能得到这份工作的。"埃赛尔以父辈的关怀劝说着。

马克思当然知道,一个显赫的位置,一份不菲的收入,对于刚成家的人来说,意味着什么。他何尝不想得到这些呢!两条道路摆在他的面前:一条是接受卢格的邀请,到巴黎共同创办刊物。这是一条前程莫测、充满风险的路;另一条是接受普鲁士政府的聘请,去担任官职。这是一条高官厚禄、飞黄腾达的路。当官吗?不!这是以放弃对真理的追求,以向普鲁士反动政府妥协为代价的。

马克思以不容置疑的口气,对埃塞尔说:"我已经决定了,不会跟你去的!"

他毅然拒绝了普鲁士反动政府的收买,顾问官先生只好悻悻离去了。

马克思所选择的这条人生之路,没有固定的职业,没有可靠的收入,没有舒适的生活。即便在这样的困境里,他也无怨无悔。在后来的日子里,马克思多次拥有去政府任职的机会。只要他稍有动摇,就能使自己和全家享尽荣华富贵。然而,那不是马克思的品格!为了实现为全人类造福的志向,他宁愿像普罗米修斯那样,即使被缚在崖石上,也不作宙斯的奴仆。

马克思在克罗茨纳赫的准备工作就绪之后,便同自己的新婚妻子离开德国,前往巴黎。从此,他们开始了作为"世界公民"的漂泊生活。

辉煌在"新世界的首都"铸就

思想在这里升华

巴黎是座具有光荣革命传统的城市。1789 年法国大革命以来，这里成为欧洲革命运动的发祥地。马克思称巴黎为"新世界的首都"。

1830 年，法国再次爆发资产阶级革命，受到全世界的瞩目。它吸引了许多来自世界各地的文学家、诗人和进步学者。比较著名的有德国诗人亨利希·海涅和格奥尔格·海尔维格、波兰作曲家弗雷德里克·肖邦、俄国革命民主主义者米哈伊尔·巴枯宁等等。除此以外，还有一些德国的革命流亡者。他们云集这里，或创作，或研究，或调查，给这座英雄的城市增添了别样的色彩。

1843 年 10 月底，正是落叶萧萧的深秋时节，马克思与燕妮来到了巴黎。他们住在塞纳河左岸市区的田凫路 38 号。马克思雄心勃勃，他到这里有很多事要做。他想通过创办《德法年鉴》，联合法国和德国的革命者与旧制度进行坚决的斗争。他还想利用巴黎丰富的图书资料资源，继续从事理论研究。他对这里充满了希望，相信在德国做不到的事情，在这个"新世界的首都"一定可以做到。

通过对巴黎资本主义社会的考察，马克思发现，他面对的是一个与德国完全不同的世界。在德国，新兴的资产阶级与封建阶级的矛盾仍然是社会的主要矛盾，而在法国，社会的主要矛盾已经是无产阶级和资产阶级的矛盾了。1830 年 7 月爆发的资产阶级革命大奏凯歌之后，资产阶级的革命性已消失殆尽，他们所标榜的"自由、平等、博爱"成了欺骗劳动群众的空洞口号。资产阶级对无产阶级的残酷经济剥削和政治压迫，使无产阶级处于贫困和无权的地位，他们之间存在着不可调和的矛盾。

在巴黎居住期间，马克思考察了工人的生活状况和工作状况。那些肮脏拥挤的贫民区、低矮破旧的潮湿地窖、工人们及其妻子儿女饥寒交迫的痛苦生活以及工人们毫无安全保证的机器旁的日夜劳作，使他目不忍睹。尽管以前在摩塞尔地区，他也目睹了那些处于社会最底层的农民的贫困生活，现在第一次近距离地与工人接触，法国工人的境遇，着实使他感到强烈的心灵震撼。一面是资产阶级纸醉金迷、歌舞升平的花花世界，一面是无产阶级衣不遮体、食不果腹的贫困生活，鲜明的对照使马克思对资本主义有了进一步的感性认识。

他怀着深切的同情心，多次深入到工人群众中。有时到他们家中促膝谈心，有时到小酒馆里与他们开怀畅饮，了解他们的苦难，倾听他们对未来的向往，帮助他们总结革命斗争的经验教训。他很快就成为工人们的知心朋友。

当时的巴黎，工人运动异常活跃。1831—1834年，里昂工人两次举行武装起义，巴黎等地的工人也揭竿而起。虽然这些起义最终都被镇压下去，但是革命的火种并未因此而熄灭。许多工人组织仍在秘密活动。马克思与工人组织建立了联系，并经常参加他们的聚会，了解他们对社会一些政治问题的看法。在此过程中，他对无产阶级有了新的认识。

他在给费尔巴哈的信中谈到了自己的感受。马克思说："您应当出席法国工人的一次集会，这样您就会确信这些受尽劳动折磨的人纯洁无瑕，心地高尚……历史是会把我们文明社会的这些'野蛮人'变成人类解放的实践因素的。"[①]马克思由此感到，一个有学问的人如果不甘心于自己的堕落的话，那就绝不应该不参加社会活动，不应该整年整月地把自己关在书斋里或者是试验室里。不能像藏在乳酪里的蛆虫那样，逃避生活，逃避同时代人的社会斗争和政治斗争。正是深入工人群众的实

①《马克思恩格斯全集》第27卷，人民出版社1972年版，第450—451页。

践，使马克思得到了以前在书斋里从未得到的东西。

在巴黎，马克思还与外国流亡者的秘密革命团体建立了一定的联系。作为德国人，他特别关注德国在巴黎的工人组织——正义者同盟，经常去参加他们的会议，与他们一起讨论问题。秘密盯梢的警察把这种情况，通过秘密报告反映了上去："常常有三十、一百或二百名德国共产主义者在这里集会，这所房子是他们租下来的。他们发表演说，公开宣传杀死国王，惩办富人等等；这里已经谈不到任何宗教……我非常紧急地把这写给您，为的是不让马克思、赫斯、海尔维格、魏尔、伯恩施坦继续这样使年轻人陷于不幸。"①警察局的这份秘密报告，使我们真实地了解了马克思当年的活动情景。

马克思还结识了法国的民主派人士及流亡法国的各国社会主义理论家和工人运动活动家。他们是法国秘密工人组织的领导人路易·勃朗、德国正义者同盟巴黎支部的领导人艾韦贝克、法国工人理论家蒲鲁东以及俄国的无政府主义者巴枯宁等。当时在巴黎的这些秘密组织和团体中，流行着形形色色的社会主义和共产主义学说，有圣西门、傅立叶的空想社会主义，魏特林的平均共产主义，勃朗的小资产阶级社会主义等等。马克思经常同他们就许多理论问题交换看法，启发他们用辩证的观点思考问题。

马克思在巴黎参加社会实践，接触工人群众并积极参加工人运动的经历，使他的思想不断得到升华。他的立场逐渐转移到无产阶级方面来，他已不仅仅是同情无产阶级的苦难，而是从他们的苦难中看到了孕育其中的一种不可遏止的战斗精神。他认为，只有这个阶级才能担负起推翻旧世界、建立新世界这个全人类的伟大使命。

通过了解资本主义制度下工人受剥削受压迫的事实，马克思更加深了对资本主义制度的认识，激起了他为埋葬资本主义制度而进行不懈斗争的决心。

同时，从考察工人运动历次所经历的失败中，他还意识到，创立革

---

① ［法］奥·科尔纽：《马克思恩格斯传》中文版第2卷，第13页。

命的科学理论体系的迫切性和重要性。只有使无产阶级掌握正确的理论武器，才能清除各种非科学的社会主义流派的影响，才能使他们真正肩负起历史的重任。

马克思在巴黎期间思想上产生的重大飞跃，可从他发表在《德法年鉴》刊物上的文章中略见一斑。

历史性的转变

马克思到巴黎后的一段时间里，一直忙着新刊物出版前的具体准备工作。当时，由于卢格生病，创办刊物的重担全部压在了马克思的肩上。他除了撰写自己的文稿以外，还邀请一些著名的学者如费尔巴哈、赫斯、海尔维格、海涅等人为杂志撰稿。

1844年2月，浸透了马克思心血的《德法年鉴》第一期、第二期的合刊终于出版了。经过精心的准备，首期的内容非常丰富。刊载了在筹办杂志期间马克思致卢格的三封书信，发表了马克思的两篇文章《论犹太人问题》和《〈黑格尔法哲学批判〉导言》，还刊登出恩格斯所撰写的两篇文章《政治经济学批判大纲》和《英国状况——评托马斯·卡莱尔的〈过去和现在〉》以及著名诗人海涅和海尔维格的诗歌、赫斯的文章等等。

马克思在《德法年鉴》上发表的两篇文章，意义非同小可。它标志着马克思两个转变的完成，即在哲学上实现了从唯心主义向唯物主义的转变，在政治上实现了从革命民主主义向共产主义的转变。

在《论犹太人问题》一文中，马克思批判了布鲁诺·鲍威尔在犹太人解放这个问题上所采取的唯心主义立场。马克思与鲍威尔原本是非常要好的朋友，但由于政见不同，在理论观点上也产生了很大分歧。

鲍威尔认为，犹太人问题是宗教问题，犹太人要获得解放，必须放弃犹太教。而德国是基督教国家，没有能力解放犹太人，因此，对宗教的批判是政治解放的前提。

马克思指出，犹太人的解放不是宗教问题而是政治问题。他分析了德国、法国和北美合众国的犹太人问题，认为，政治解放并不包括宗教解放，就在政治上已经解放的国家中，宗教不仅存在，而且表现出了生命力和力量。马克思深刻地指出："相当长的时期以来，人们一直用迷信来说明历史，而我们现在是用历史来说明迷信。在我们看来，政治解放和宗教的关系问题已经成了政治解放和人类解放的关系问题。"①

马克思针对鲍威尔把政治解放和人类解放混淆起来的观点，明确指出，这二者并不是一回事。他认为，政治解放是资产阶级革命的任务，它的目的是推翻封建制度，使人们获得政治上的自由和平等权利，这是一个历史的进步，但是政治解放是有局限性的，人们在政治上得到自由时，经济上仍受私有制的束缚。因此政治解放并不消灭私有制，也不可能消灭宗教，只是以改变了的一种私有制形式代替了一种旧的私有制形式。因此，要使人获得真正解放，还需要把人们从私有制和剥削中解放出来，从异己的经济活动中解放出来，这就是人类解放。

在《〈黑格尔法哲学批判〉导言》一文中，马克思则进一步阐明了关于人类解放的实质和实现人类解放的力量问题。马克思说，"政治解放"是毫不触及大厦支柱的革命，而"人类解放"则要触及大厦的支柱，它"必须推翻那些使人成为受屈辱、被奴役、被遗弃和被蔑视的东西的一切关系"②，因此，"人类解放"的实质是进行社会主义革命，消灭私有制。

马克思在《〈黑格尔法哲学批判〉导言》中，还首次明确提出了担负着解放全人类使命的阶级，就是那个"被彻底的锁链束缚着的阶级"，即无产阶级。马克思认为，无产阶级是由历史所赋予的、肩负着实现"人类解放"使命的现实力量。无产阶级在完成这个使命时，必须把革命的理论和革命的实践结合起来。他说，批判的武器当然不能代替武器的批判，物质力量只能用物质力量来摧毁；哲学把无产阶级当做自己的物质武器，同样地，无产阶级也把哲学当做自己的精神武器。

马克思认为，无产阶级只有掌握了哲学的精神武器，也就是掌握了革命的理论，才能完成人类解放的历史使命。

①《马克思恩格斯全集》第1卷，人民出版社1956年版，第425页。
②《马克思恩格斯全集》第1卷，人民出版社1956年版，第461页。

马克思的故事

马克思这两篇论文的发表，是具有重大意义的历史性的转变，表明他世界观的发展已进入到一个新的阶段。正像列宁所指出的："马克思在这个杂志上所发表的论文中已作为一个革命家出现，主张'对现存的一切进行无情的批判'，尤其是'武器的批判'；他诉诸群众，诉诸无产阶级。"[①]

《德法年鉴》出版后，再一次引起轰动，有赞扬的，有诋毁的，有害怕的。它表现出鲜明的革命倾向，不可避免地遭到了被查禁的厄运。普鲁士政府如临大敌，立刻通告各省，诬蔑《德法年鉴》阴谋叛国，侮辱圣上。他们采取各种手段阻止这份刊物进入普鲁士境内，甚至不许书商出售这份杂志。而且警察机关被授命，一旦发现马克思、卢格、海涅进入德国境内就予以逮捕。由于普鲁士政府采取的反动措施，运抵边境的数百本《德法年鉴》都被查出没收了。

一个小小的刊物竟使反动政府如此大动干戈，可见它的威慑力之大。

在这种情况下，卢格退缩了。虽然他的思想总体来看是进步的，但只不过是一个激进的民主主义者。他无法接受马克思的共产主义立场，特别是他藐视工人阶级，反对马克思提出的"诉诸无产阶级"的主张。因此，两位主编的分道扬镳已是不可避免的了。就这样，《德法年鉴》刚刚创刊，竟成了绝版。马克思又经受了一次沉重打击。

由于卢格单方面撕毁了与马克思签订的合同，马克思在巴黎的家庭失去了生活的基础。尽管卢格的经济条件相当富裕，但却拒绝按照每月500塔勒的预定数目向马克思支付酬金，甚至提出把没能出售的《德法年鉴》杂志给马克思作为经济补偿。马克思一家的生活处在窘迫的困境之中。而此时，燕妮恰逢临产，幸亏朋友们的帮助，才使他们暂时摆脱了贫困。

马克思是条硬汉子，他的志向经受一次又一次的挫折非但没有动摇，反而一次比一次坚定了。

---

①《列宁选集》第2卷，人民出版社1972年版，第577页。

就在 1844 年的 5 月 1 日，马克思和燕妮的大女儿出生了。或许是对于妻子深切的爱，或许是对于女儿美好的祝愿，马克思赋予了女儿与妻子同样的名字：燕妮。如同所有初为人父的男人一样，孩子的出世给马克思带来了无尽的幸福和快乐，也给他每天紧张、繁重的理论研究增添了无穷的乐趣。就在小燕妮出生后不久，为了能够给马克思的研究创造一个安静的良好的环境，燕妮便带着女儿回特利尔老家了。

马克思全力以赴地投入了理论研究之中。与此同时，他始终没有忘记，用手中的笔来同德国封建专制制度进行斗争。这时，一家由德国的民主流亡者在巴黎所办的《前进报》引起了他的关注。这家报纸原来政治倾向比较温和，后来激进主义者卡尔·贝尔奈斯担任了主编之后，它的民主主义倾向越来越鲜明。于是，马克思成了它的撰稿人。除马克思以外，为《前进报》撰稿的还有卢格、海涅、海尔维格、巴枯宁、毕尔格尔斯等人。

1844 年 6 月初，德国发生了一次震撼世界的大事件。德国西里西亚的纺织工人，为反抗资本家的残酷剥削和压迫，发动了由 3000 多工人参加的起义。他们捣毁了机器和工厂主的住宅，烧毁了票据和账簿，并用石块、木棒与前来镇压的军警进行殊死搏斗。起义持续了 3 天，终因反动政府的血腥镇压而失败了。如何对待德国西里西亚纺织工人起义？《前进报》很快就对这个敏感的问题作出了反应。

卢格对西里西亚工人起义持否定态度，他以"普鲁士人"为笔名，在《前进报》上发表文章，说德国西里西亚工人起义是缺乏"政治精神"的、"毫无意义"和"徒劳无益"的暴动。他否定无产阶级所采取的革命行动，认为解决社会问题不应是无产阶级的使命，而是政权、国家和普鲁士王朝的使命。

马克思针锋相对，在《前进报》上发表了《评"普鲁士人"的〈普鲁士国王和社会改革〉》一文，对卢格的观点进行了驳斥，他强调指出，西里西亚工人起义具有十分重大的意义，它标志着德国工人的政治觉醒。马克思高度评价这次起义一开始就"恰好做到了法国和英国工人在起义结束时才做到的事，那就是意识到无产阶级的本质"，它"毫不含糊地、尖锐地、直截了当地、威风凛凛地厉声宣布，它反对私有制社会"①。

马克思从这次起义中看到，德国工人阶级与法国工人阶级一样，蕴藏着非常强大的力量，他由此进一步得出结论，解决社会问题只能依靠无产阶级的力量。只有依靠无产阶级起来进行革命，才能推翻私有制和现存的国家政权，而不能像卢格说的那样，依靠现存国家来实现社会的根本改造和消除贫困。

这时的马克思，已经以一个唯物主义者和共产主义者的崭新面目出现在历史的舞台上了。

非同寻常的转向

马克思在筹办《德法年鉴》出版之初，有一天，在处理来稿中发现了一封来自英国曼彻斯特的信件。他拆开一看，里面用德文工工整整地写着："政治经济学批判大纲。"落款为：弗·恩格斯。他看了一页，立刻被吸引住了。

恩格斯根据自己对英国资本主义社会和资产阶级政治经济学的研究，认为资本主义社会出现的劳动群众生活贫困、垄断、竞争和经济危机等现象，都是由资本主义的经济制度造成的。而只有消灭了资本主义私有制，才能彻底杜绝这些现象的发生。

马克思一口气读完了恩格斯的文章，赞不绝口地说："太精彩了！"他称它真是"天才的大纲"。这篇文章给了他很大的启发，重新燃起了他研究政治经济学的热情。

其实，早在1842—1843年主编《莱茵报》时，马克思就深感研究政治经济学的必要了。当时他第一次遇到要对物质利益发表意见的难事，诸如莱茵省议会关于森林盗伐和地产细分的辩论；莱茵省总督沙培尔先生和《莱茵报》之间关于摩塞尔农民情况的论战，以及关于自由贸易与保护关税的辩论等等，都是与经济问题有关的。马克思早就有了研

①《马克思恩格斯全集》第1卷，人民出版社1956年版，第483页。

究经济学的迫切愿望。

《德法年鉴》停刊之后，马克思立刻把主要精力投入到对政治经济学的研究之中。巴黎丰富的图书资料大大开阔了他的眼界，他如饥似渴地研读英国古典政治经济学家亚当·斯密和大卫·李嘉图的著作，每天工作十七八个小时以上，甚至一连工作三四夜不睡，有时竟连吃饭都忘记了。

亚当·斯密在《国民财富的性质和原因的研究》一书中提出了一般社会劳动决定商品价值的原理，这是他的一大贡献。另外，他把利润归结为工人的无偿劳动，把它理解为剩余价值的一种形式，这也是他的一大贡献。亚当·斯密把英国古典政治经济学提高到一个新的水平。

大卫·李嘉图在《政治经济学和赋税原理》中，进一步坚持了亚当·斯密的劳动价值论。马克思认为，他"把交换价值决定于劳动时间这一规定作了最透彻的表述和发挥"[1]，从而把政治经济学建立在统一的理论基础之上。大卫·李嘉图是英国古典政治经济学的完成者。

马克思既看到了亚当·斯密与大卫·李嘉图在劳动价值理论上所取得的辉煌成就，又看到了他们理论的局限性。英国古典政治经济学，毕竟是适应英国资本主义的发展和资产阶级的需要而产生的资产阶级经济理论。从本质上看，它是为资产阶级的利益服务的，它的目的并不是要真正揭露资本主义生产方式的本质，而是要论证资本主义制度对封建制度的优越性。

除了研究亚当·斯密与大卫·李嘉图的著作以外，马克思还研究了法国、德国和英国的经济学家德斯杜特·德·特拉西、麦西库洛赫、詹姆斯·穆勒、萨伊、斯卡尔培克等人的著作，并作了详细摘录和批注。在此期间，他写下了9大本经济学笔记。他的研究成果集中体现在1844年4月至8月所写的一部未完成的著作中。这部著作直到88年后，才以《1844年经济学哲学手稿》为名，在苏联正式面世。

《1844年经济学哲学手稿》蕴含着丰富的内容。其中著名的"异化

①《马克思恩格斯全集》第13卷，人民出版社1962年版，第51页。

49

劳动”理论是这部著作的核心内容。

在马克思以前的哲学著作中，“异化”这个术语曾被广泛使用过。在黑格尔那里，异化的主体是神秘的绝对精神；在费尔巴哈那里，宗教被认为是人的本质的异化。而马克思认为，异化作为一个哲学概念，是指主体在发展过程中，由于自身的活动产生出自己的对立面，而这个对立面作为一种外在的、异己的力量反过来又反对主体自身。他通过对异化劳动本质的揭示，有力地批判了私有财产这一剥削制度的根源。

马克思认为，在私有制条件下，工人和自己的劳动产品是相异化的。工人创造了劳动产品，但劳动产品却不属于劳动者，完全归掌握资本的人所有。也就是说，工人生产的对象越多，他能够占有的对象就越少，而且越受他的产品即资本的统治。

同时，工人和劳动活动也是相异化的。工人不能自由支配自己的劳动，劳动对他来说是外在的东西，是一种强制性和被迫性的活动。工人们劳动不是感到幸福，而是感到不幸，不是自由地发挥自己的体力和智力，而是使自己的肉体受折磨，精神遭摧残。

此外，人和人的类本质也是相异化的。异化劳动从人那里夺走了他所生产的产品，把劳动本身变成了对人来说是强制性的手段，这就使人变成仅仅为了维持肉体生存的人，从而把人的类本质也变成了异己的本质。

正是由于工人同劳动产品、劳动活动和人的类本质相异化，它的直接结果就导致了人与人的相异化。在资本主义条件下，劳动与资本的对立，工人阶级与资产阶级的对立，就是人与人关系相异化的具体体现。

马克思分析了资本主义社会的异化现象，剖析了造成异化劳动的根源，指出了私有财产既是异化劳动的原因，又是异化劳动的结果。因此，要消灭异化，就必须消灭私有财产。他破天荒地把异化问题与政治经济学的研究统一起来，最后得出了科学的结论：“共产主义是私有财产即人的自我异化的积极的扬弃。”①

---

① 《马克思恩格斯全集》第 42 卷，人民出版社 1979 年版，第 120 页。

这是马克思通过对异化劳动的考察，第一次在政治经济学和哲学研究的基础上，揭示了资本主义必将为共产主义所替代的历史必然性。由此，初步形成了他的马克思主义完整学说的雏形，这是马克思在探索真理的道路上所取得的突破性进展。

从马克思中学毕业后的思维轨迹来看，他最初学的是法律学，但探寻事物的本质、提高思维能力的强烈欲望，使他转向哲学。马克思开始自己的理论研究活动，是从接受德国古典哲学开始的。黑格尔的辩证法使他茅塞顿开，而费尔巴哈的唯物主义使他对黑格尔哲学颠倒事物本质的观点有了一定的认识。当他把黑格尔关于概念与事物的关系加以颠倒并恢复它们的本来面目时，马克思发现是经济关系决定政治制度。特别是面向现实生活和置身革命实践，更加深化了他的只有在"市民社会"中，才能找到理解人类历史发展进程的锁钥的思想。可是对"市民社会"的解剖应该求之于政治经济学。于是，马克思合乎逻辑地把研究的重点从哲学转向政治经济学。

从哲学转向政治经济学，使马克思能够突破德国思辨哲学的传统，"跳出哲学的圈子并作为一个普通的人去研究现实"[①]。他的理论前辈没有人能做到这一点。马克思恰恰是在这一转向中进而发现了唯物史观和剩余价值学说，并最终成为科学社会主义的创始人。

在巴黎期间，马克思还研究了法国革命史，特别是研究了法国1789年大革命史和第三等级的历史，阅读了历史学家的大量著作，包括法国复辟时期著名的历史学家梯也尔、米涅和基佐的著作。他认为，这些历史学家能够承认社会划分为阶级，并揭示阶级斗争在资本主义社会产生和发展进程中的作用，是难能可贵的，但他们没有看到阶级斗争产生的经济原因，更不了解资本主义社会阶级斗争的性质，这也是由他们的阶级局限性所决定的。马克思通过对法国历史的研究，深化了对阶级和阶级斗争的认识，这为他日后创立唯物史观奠定了一定的基础。

身处空想社会主义发源地的法国，马克思还研究了圣西门、傅立

---

① 《马克思恩格斯全集》第3卷，人民出版社1960年版，第262页。

叶和欧文的空想社会主义理论。这些理论产生于 18 世纪末和 19 世纪初的法、英两国，它揭露了工业革命以来工人工资降低、失业增加、劳动时间延长、大量熟练工人被童工和女工取代的现实，批判了资本主义制度的罪恶，对于启发正在形成中的无产阶级的觉悟，是有积极意义的。但是，马克思发现，空想社会主义坚持的是"理性支配世界"的唯心史观。他们反对通过阶级斗争和社会变革的途径来实现社会主义，更找不到埋葬资本主义的社会力量，这是他们不可克服的缺陷。然而空想社会主义对未来社会的描绘，特别是提出了一些诸如计划生产、按劳分配和消灭三大差别等积极主张，却使马克思感到兴奋，这为他日后创立科学社会主义学说积累了丰富的思想资料。

世间最动人的友谊

1844 年 8 月的一天，艳阳高照。马克思坐在法兰西剧院广场旁的雷让斯咖啡馆里，焦急地等待着恩格斯的到来。实际上，他们并不陌生。恩格斯早就领略了马克思的才华，马克思也从恩格斯的《政治经济学批判大纲》中发现了他的过人之处。他们一直有着书信往来。恩格斯这次是从曼彻斯特返回家乡的途中，特地来到巴黎拜访马克思的。

恩格斯同马克思一样，也是普鲁士莱茵省人。1820 年 11 月 28 日，恩格斯诞生于巴门市的一个富有的纺织厂厂主的家庭。中学时代，恩格斯曾先后在巴门市中学和爱北斐特中学读书。由于父亲生意上的需要，恩格斯没等中学毕业，便被迫按照父亲的旨意，先到自家的巴门事务所实习，后来又去不来梅的一家公司学习经商。父亲希望恩格斯能够成为自己事业的继承人，但恩格斯却不喜欢商业活动，而是非常喜爱读书。他充分利用业余时间广泛涉猎，文学、历史、哲学、神学、语言学等各类图书都在他的阅读范围之内。他还接受了民主主义思想的影响，经常动笔写作一些文章，为革命风暴呐喊，同封建专制制度进行斗争。

1841 年，恩格斯应征到柏林服兵役，这为他学习提供了一个良好的机会。柏林大学是当时著名的培养哲学家的摇篮，恩格斯时常抽空去柏林大学旁听哲学课，并同唯心主义哲学家谢林展开了论战。恩格斯最初接受了黑格尔哲学，是一个积极的青年黑格尔主义者，后来在费尔巴哈唯物主义哲学的影响下，又从唯心主义的营垒中冲杀出来，转向了唯物主义。

恩格斯与马克思的经历不同，他从 17 岁开始涉足商海，从事经济活动。但他与一般的工厂主有很大区别，他对受苦受难的工人寄予无限的同情。在英国曼彻斯特经商期间，他白天在公司里做事，晚上经常参加宪章派的集会。他为自己抛弃了社交活动和宴会，抛弃了资产阶级的葡萄牙红葡萄酒和香槟酒，把自己的空闲时间几乎都用来和普通的工人交往而感到高兴和骄傲。

恩格斯还深入研究了英国古典政治经济学家和法国、英国的空想社会主义者的理论。正是在英国的工业中心曼彻斯特，他认识到无产阶级的作用，从而完成了革命民主主义向共产主义的转变。

恩格斯在柏林大学参加青年黑格尔派活动时，就已知道了马克思的名气。他对马克思的才华和人格十分敬佩。在一首诗中，他写道：

> 是谁跟在他的身后，
> 风暴似的疾行？
> 是面色黝黑的特利尔分子，
> 一个血气方刚的怪人。
> 他不是在走，
> 而是在跑，
> 他是在风驰电掣地飞奔。
> 他满腔愤怒地举起双臂，
> 仿佛要把广阔的天幕扯到地上。
> 不知疲倦的力士紧握双拳，
> 宛若凶神附身，
> 不停地乱跑狂奔！①

①刘建军:《马克思传》，河北人民出版社 1997 年版，第 58 页。

马克思的故事

出于对马克思的崇拜，早在 1842 年 10 月，恩格斯一年的服兵役期满返回故乡的时候，途中就特地来到科伦，想见一见当时在《莱茵报》当主编的马克思，但遗憾的是马克思不在。同年 11 月，恩格斯由巴门去曼彻斯特，中途又在科伦停留。这一次他虽然见到了马克思，但马克思正忙于同已经堕落成为柏林"自由人"的一些青年黑格尔分子进行公开论战。马克思当时还不了解恩格斯，误把他看做是"自由人"中的一员，所以态度比较冷淡，两个人没有深谈便分手了。

恩格斯到达曼彻斯特以后，应马克思的要求，给《莱茵报》写了一系列从不同侧面分析英国各方面状况的文章。马克思通过它们逐渐了解了恩格斯，对他产生了好感。特别是恩格斯在《德法年鉴》上发表的两篇标志着他已完成了从唯心主义到唯物主义，从革命民主主义到共产主义的转变的文章，更使马克思对恩格斯有了新的认识。

可以说，马克思和恩格斯是通过不同的探索之路而获得共识的。

马克思是通过在大学书斋里的研究，而后转向现实斗争，从黑格尔哲学走向费尔巴哈哲学，又从哲学转向经济学，从而探寻到为全人类造福的真理的。

马克思和恩格斯

恩格斯则是由于经商的需要，直接接触了资本主义的经济关系，直接接触了由于阶级剥削和压迫而遭受不幸的工人们，并结合他的哲学和政治经济学等方面的理论研究，而悟到解放全人类的真理的。

他们以自己的不同经历、不同的研究方法，几乎得出了相同的结论，那就是要了解社会的奥秘，需要到"市民社会"中去寻找；而对"市民社会"的解剖，应在经济学中去寻找。资本主义社会罪恶的根源是私有制，只有消灭私有制，才能结束人类社会极度堕落的现象；而无产阶级正是担负这一伟大历史使命，改造现实社会的强大的物质力量。

马克思 1844 年 8 月在巴黎重新见到这位英俊的高个子年轻人时，感到一见如故。恩格斯在巴黎逗留十天，马克思和他朝夕相处、形影不离。他们就共同关心的理论问题进行了坦率的交谈，两人的意见惊人的相同。正如恩格斯后来所回忆的："当我 1844 年夏天在巴黎拜访马克思时，我们在一切理论领域中都显出意见完全一致，从此就开始了我们共同的工作。"①

在这段日子里，马克思和恩格斯除了探讨理论问题外，还一起参加了巴黎的法国工人和德国工人集会。在马克思的介绍下，恩格斯还结识了一些法国的工人运动活动家以及在巴黎的其他国家的革命者。

通过对工人运动的了解，他们共同感到，无论是法国、英国、德国还是其他国家，工人运动都迫切需要革命理论的指导，因此，制订新世界观的任务已迫在眉睫。他们在讨论下一步着手要做的工作时，决定先合写一部批判青年黑格尔派的著作，对他们的主观唯心主义理论予以揭露和批判，既使自己在思想上与他们彻底划清界限，又在批判中阐明自己新的观点。

恩格斯的巴黎之行，使马克思找到了一位志同道合的挚友。在此之前，马克思曾同青年黑格尔派的布鲁诺·鲍威尔和卢格有过亲密的交往。在反对普鲁士的专制统治和宗教方面，在追求自由、进步、民主方面，他们曾经是一个战壕的战友，但是，鲍威尔在几经变革现实社会

---

①《马克思恩格斯选集》第 4 卷，人民出版社 1972 年版，第 192 页。

的斗争遭受挫折之后，便对群众感到失望，于是，放弃了反对专制制度和宗教的斗争。当马克思在理论研究领域和革命实践中不断有新的突破时，他们的友谊势必出现裂痕。卢格与马克思的合作也仅仅是停留在反对封建专制制度上，卢格决不越雷池一步。发现马克思的思想已出现共产主义倾向时，他极为反感。他认为共产主义是新基督教。根本立场上的不一致，也使他们的友谊宣告结束。

恩格斯的到来，使马克思在茫茫人海中觅到了知音。共同的事业、共同的信念、共同的追求、共同的语言，将他们紧密地联系在一起。尽管在以后的人生道路上，他们也曾有过许多的挫折、不幸，也曾经历过无数的磨难、艰辛，但是，他们始终相互理解，相互尊重，共同并肩前行。而且，恩格斯除了同马克思并肩战斗，共同探寻真理外，为了保障马克思能够全身心地进行革命理论的研究和指导工人运动，还几十年如一日地从事他最不愿从事的经商活动，给予马克思及其一家的生活以无私的援助。这是人类历史上最伟大、最无私、最真诚、最令人称颂的友谊，而这种友谊也只能在这两位伟人之间才会发生。

自 1844 年夏起，马克思和恩格斯开始共同开创无产阶级的伟大事业，制定无产阶级的理论体系。在他们将近 40 年的交往中，恩格斯始终把自己放在马克思助手的位置上。他说："我一生所做的是我注定要做的事，就是拉第二小提琴，而且我想我还做得不错。我高兴我有像马克思这样出色的第一小提琴手。"①

全世界无产阶级的革命导师列宁在讲到马克思和恩格斯的伟大友谊时，曾动情地说："古老的传说中有各种非常动人的友谊的故事。欧洲无产阶级可以说，它的科学是由两位学者和战士创造的，他们的关系超过了古人关于人类友谊的一切最动人的传说。"②

联手向"神圣家族"开火

马克思和恩格斯在巴黎会面之后，便开始了他们共同创立新世界观

①《马克思恩格斯全集》第 36 卷，人民出版社 1975 年版，第 219 页。
②《列宁选集》第 1 卷，人民出版社 1972 年版，第 92—93 页。

的活动。当时马克思 26 岁，恩格斯 24 岁，正当风华正茂的青春年华。两位思想巨人认为，清除旧哲学对自己的影响，对于建立新的科学的世界观是至关重要的。因此，他们携手做的第一件工作，就是对以鲍威尔为代表的青年黑格尔派的唯心史观进行彻底清算。

马克思和恩格斯都曾经是青年黑格尔派，曾几何时，这个派别代表社会上的一种进步思潮，在坚持民主、自由，反对封建专制制度和宗教方面，都起到了积极的作用。但是随着斗争的深入，青年黑格尔派的阶级局限性就逐渐暴露出来了。

早在《莱茵报》时期，马克思同青年黑格尔派就存在着严重的分歧。后来，这个派别日益堕落。在理论上，他们越来越深地陷入了以"自我意识"为基础的主观唯心主义；在政治上，他们越来越明显地背离了原来的激进主义。鲍威尔曾在青年黑格尔派的月刊《文学总汇报》上发表文章，公开表示要与"1842 年的激进主义"划清界限。同时，他们还宣扬蔑视无产阶级和革命群众的唯心史观，把群众说成是历史进步的阻力，而把自己看做是"批判的批判"的体现者，是推动历史前进的决定力量。

青年黑格尔派的这种理论，给正在兴起的德国人民群众反抗封建专制制度的斗争造成了思想上的混乱，马克思和恩格斯对他们的批判已势在必行。马克思和恩格斯把他们合著的书名定作"对批判的批判所做的批判。驳布鲁诺·鲍威尔及其伙伴"。

恩格斯在巴黎期间就把自己所分担的七节内容写完了。马克思在恩格斯离开巴黎之后继续写作，用了三个月时间也完成了自己所分担的主要部分。

1845 年 2 月，当这部书出版时，书名改成了"神圣家族"，而原来的标题成了副标题。这一改动的讽刺意味更浓，更能抓住鲍威尔及其同伙的错误实质。"神圣家族"原来是意大利文艺复兴时期一幅名画的名称，画面上，圣母玛利亚抱着圣婴耶稣，旁边有玛利亚的丈夫圣约瑟及一些天使、神甫等，他们共同组成了神圣家族。马克思在这里借用这个名称，主要是喻指鲍威尔及其同伙自命不凡组成了"神圣家族"，把自己打扮得像救世主一样。

马克思和恩格斯在《神圣家族》一书中,通过对鲍威尔及其同伙的批判,阐明了辩证唯物主义和历史唯物主义的一些基本原理。

针对鲍威尔等人的"自我意识"哲学,马克思和恩格斯首先揭露了他们的主观唯心主义实质。马克思和恩格斯指出,鲍威尔及其同伙声称克服了黑格尔哲学的局限性,其实他们还完全停留在黑格尔的哲学范围内。黑格尔思辨哲学的秘密就是把从个别事物中抽象出来的一般当做独立存在的本质,认为它是感性对象的来源和基础,这就从根本上颠倒了一般和个别的关系。鲍威尔等人与黑格尔的区别仅仅在于,他们不过是用"自我意识"代替了黑格尔的"绝对观念",从而走向公开的主观唯心主义。

马克思和恩格斯还批判了青年黑格尔派把历史的发展归结为"自我意识"的发展史的唯心史观,阐明了物质生产对历史发展的决定作用。他们指出,不是观念决定历史,而是物质生产决定历史。不认识某一历史时期的工业和生活本身的直接的生产方式,就不能真正地认识这个历史时期。历史的发源地不是在天上的云雾中,而是在尘世的粗糙的物质生产中。

从物质生产决定历史发展这一基本观点出发,马克思和恩格斯进而批判了鲍威尔及其同伙所宣扬的英雄史观,深刻地阐明了人民群众是历史的创造者的原理。马克思指出:"历史活动是群众的事业,随着历史活动的深入,必将是群众队伍的扩大。"[①]因此,正是人民群众所从事的物质生产、阶级斗争等历史活动创造了世界上的一切,而且随着物质生产和阶级斗争的发展,人民群众队伍将不断扩大,充分显示其创造历史的伟大力量。

在《神圣家族》中,马克思和恩格斯还通过分析资本主义制度下无产阶级和资产阶级的对立,揭示了资本主义私有制灭亡的必然性,论证了无产阶级肩负的历史使命。他们指出,在资本主义社会中,私有制产

---

①《马克思恩格斯全集》第 2 卷,人民出版社 1957 年版,第 104 页。

生出资产阶级和无产阶级两大对抗的阶级,"私有者是保守的方面,无产者是破坏的方面。从前者产生保持对立的行动,从后者则产生消灭对立的行动"①。无产阶级和资产阶级始终存在着对抗,无产阶级在失去了生存条件的情况下,必然起来进行革命,推翻资产阶级的统治,并最终消灭私有制。

由此可以看出,马克思和恩格斯已经是从资本主义的经济关系出发,来论证无产阶级的历史使命,而不再是从"人的本质异化"出发来进行论证了。可以看出,他们的思想已经越来越接近于无产阶级科学世界观的理论体系了。

《神圣家族》出版后,立刻引起强烈反响。各派报纸包括激进的、保守的、反动的报纸,由于政见不同,对其褒贬不一。有的认为这部书是马克思和恩格斯当时所写的著作中最深刻和最有力量的一部,反映了社会主义的观点;有的则对这部书反对私有制、尊重感性和物质的东西、嘲讽基督教表示强烈反对。最引人注目的是德国最大的保守派报纸《总汇报》对此书的评论,说《神圣家族》这部书"每一行都在鼓吹反对国家、教会、家庭、法制、宗教和财产……的暴动。简言之,书中我们看到的是最激进的、最露骨的共产主义,而更危险的是,无论如何不能否认马克思先生有非常渊博的知识,善于运用黑格尔逻辑学的辩论武器,即人们通常说的'铁的逻辑'"②。这个评论恰恰是从反面作出了最正确的评价。

当然,这部书也有一些不足之处。当时的马克思和恩格斯还没有完全摆脱费尔巴哈人本主义的影响,还存在着对费尔巴哈评价过高的问题。以至于22年后,马克思在谈到这部书时,曾对恩格斯说:"对于这本书我们是问心无愧的,虽然对费尔巴哈的迷信现在给人造成一种非常滑稽的印象。"③

这也难怪,人们对客观事物的认识总是要经历一个过程的。

①《马克思恩格斯全集》第2卷,人民出版社1957年版,第44页。
②[苏]彼·费多谢耶夫等:《卡尔·马克思》,三联书店1980年版,第84—85页。
③《马克思恩格斯全集》第31卷,人民出版社1972年版,第293页。

辉映布鲁塞尔的真理之光

从此成为"世界公民"

1845 年 1 月，一个寒冷的日子。马克思正在家里看书，突然一阵急促的脚步声响起，接着，巴黎警察闯了进来，代表政府向马克思宣读了驱逐令，限令马克思必须在 24 小时之内离开巴黎。

事情来得这样突然，但却是在意料之中。

马克思自大学毕业后走向社会，一直从事理论研究并投身反对德国封建专制制度的斗争。为此，马克思当主编的《莱茵报》因其民主倾向而被普鲁士政府查封。为了施展自己的抱负，马克思离开德国，来到民主空气稍浓的巴黎，但是他与卢格合办的《德法年鉴》刚刚出了创刊号，就由于它鲜明的革命倾向，引起了普鲁士反动政府的惊恐。他们采取了一系列反动措施，致使刊物被迫停刊。

《德法年鉴》停刊后，马克思在德国流亡者办的具有激进倾向的《前进报》上发表文章，后来还参加了这份报纸的一些编辑工作。不久，一直密切注视马克思动向的普鲁士政府，又被《前进报》所具有的强烈的反对宗教和反对普鲁士专制统治的倾向激怒了，他们又唆使法国基佐政府采取措施，将《前进报》的编辑和撰稿人统统驱逐出巴黎。

向马克思等人发出驱逐令后，由于德国和法国民主人士的强烈抗议，法国政府只好表示，只要马克思等人放弃反普鲁士政府的宣传，就可以继续留在巴黎。

卢格马上奔走在德、法两国官方机构之间，竭力证明自己是忠诚的普鲁士臣民，结果获准留下。马克思不是那种趋炎附势、苟且偷生的人，他不能以自己的奴颜婢膝作为交换的条件，毅然决定离开巴黎。

马克思在巴黎住了 15 个月，他对这里是有感情的。在这个具有光荣革命传统的大都市里，他通过深入工人群众，考察他们的生活和斗争情况，认识到工人阶级是肩负着伟大历史使命的阶级；他投身现实斗争，结合实践研究理论，取得了重大的进展，完成了向唯物主义和共产主义的转变；他广泛交往，结识了在巴黎的各国的革命家、理论家，进步的诗人和学者，刻骨铭心的友谊使他终生难忘。马克思最舍不得离开的是德国的大诗人海涅。

海涅是马克思自少年时代起就崇拜的诗人，他们在巴黎相识后，很快就结下了真挚的友谊。海涅比马克思大 21 岁，但他佩服马克思渊博的知识和非凡的才华，几乎天天到马克思家里来，经常把自己的新诗读给马克思夫妇听，征询马克思的意见。马克思也常常向海涅讲述自己的政治见解。尽管他们的观点不尽相同，但是马克思同诗人之间在精神上是能够沟通的。正如海涅所说，他们不用多少言词就能相互了解。

在海涅同马克思交往的一段时间里，他的人生境界得到升华，诗歌创作也进入到他一生中最辉煌的时期。海涅这一时期所写的《织工歌》《德国——一个冬天的童话》，充满了反对封建专制的色彩，充满了对美好未来的憧憬，成为德国文学史上的不朽之作。马克思在离开巴黎前，在致海涅的信中深情地说："在我要离别的人们中间，同海涅离别对我来说是最难受的。我很想把您一起带走。"[①]

尽管有诸多的留恋和遗憾，但马克思是不会向普鲁士反动政府妥协的。1845 年 2 月初，他离开巴黎，前往他认为尚有一丝民主气息的比利时首都布鲁塞尔。

陪同马克思到达布鲁塞尔的是他的朋友毕尔格尔斯。随后，燕妮把巴黎住处的家具和一部分衣物变卖完毕，拖着病体，带着刚 9 个月大的女儿也来到了布鲁塞尔。

马克思初到布鲁塞尔，承受着巨大的政治压力和经济压力。由于

---

① 《马克思恩格斯全集》第 27 卷，人民出版社 1972 年版，第 457 页。

马克思的故事

他是被法国政府驱逐出境的，因此他的到来引起了比利时王国政府的不安，他们命令警察部门监视马克思的行动。一个多月后，马克思又被传到警察局，强令他签署了一份不在比利时境内发表任何有关当前政治问题的文章。当时马克思正急于从事他未完成的理论研究工作，便答应了这个要求。但普鲁士反动政府岂能善罢甘休，他们又给比利时政府施加压力，要求比利时政府把马克思驱逐出境。

为了不给普鲁士当局以任何干预他自由的借口，马克思不得不于1845年12月，公开宣布放弃普鲁士国籍。从此，马克思成了没有国籍的人，四海为家，颠沛流离。但他幽默地说："我是个世界公民，走到哪儿就在哪儿工作。"

马克思除了在政治上遭受着普鲁士政府和比利时政府的迫害外，生活上也遭受着贫困的打击。从巴黎迁居布鲁塞尔，为了筹集路费，他把多年来的一点儿积蓄用完了，甚至把在巴黎好不容易置办起来的家当卖掉，也难以筹够生活的费用。

初来乍到，囊中空空。比利时反动当局又雪上加霜，不允许马克思发表有关当前政治问题的文章，这样就使以稿酬为生活唯一来源的马克思一家跌入生活的低谷。好长时间，马克思竟连一所固定的合适住房也找不到，搬家几次，最后才在东城的同盟路5号安顿下来。

就在马克思一家举步维艰的情况下，恩格斯雪中送炭地发动朋友多方为马克思筹款，并把他自己写作《英国工人阶级状况》一书的第一笔稿酬一起寄给了马克思。他在信中写道："我还不知道，这些钱够不够使你在布鲁塞尔安顿下来，所以不言而喻，我是万分乐意把我的第一本关于英国的书的稿酬交给你支配的；这本书的稿酬我不久至少可以拿到一部分，而我现在不要这笔钱也过得去，因为我会向我的老头借钱。至少，不能让那帮狗东西因为用卑劣手段使你陷入经济困境而高兴。"①

恩格斯的情谊使马克思十分感动。在以后的日子里，为了使马克思能全力以赴地投入到他们共同的事业，恩格斯曾无数次地给马克思以经

---

① 《马克思恩格斯全集》第27卷，人民出版社1972年版，第22—23页。

济援助,他把这看做是自己义不容辞的责任,也看做是自己对伟大事业的一份贡献。

当马克思在布鲁塞尔的流亡生涯刚拉开序幕时,家里又多了一位新成员。她叫海伦·德穆特,是摩塞尔河谷一个贫苦农民的女儿。她很小就到威斯特华伦男爵家当佣人,在燕妮身边长大,大家都叫她琳蘅。当燕妮和马克思成婚后,威斯特华伦男爵夫人看到女儿的生活非常艰难,便在燕妮带着刚出生的孩子回特利尔时,把二十二岁的琳蘅当做"最好的礼物"送给了马克思夫妇。

琳蘅聪明、善良,善于当家理财。来到马克思家后,一切都被她安排得井井有条。琳蘅在马克思家里度过了她一生的宝贵时光,虽然在此期间,她也遇到过倾慕她的男人,但是她放弃了个人的幸福,对马克思一家忠心耿耿,始终与他们患难与共。琳蘅除了操持家务外,还精心地照顾马克思的子女,孩子们都称她为"第二个母亲",她成了这个家庭不可或缺的永久性成员。马克思的女儿爱琳娜曾说:"凡是知道马克思家庭情况的人,也就永远忘不了一位最高贵的妇女海伦·德穆特这个光辉的名字。"①

1845年的4月初,恩格斯摆脱了他在巴门的、使他厌烦的"生意经",也来到布鲁塞尔,在马克思家旁边的同盟路7号租房住了下来。这两位伟大的思想家从此可以朝夕相处,共同创立他们新世界观的理论体系了。

随着恩格斯和琳蘅的到来,马克思的家苦中有乐,充满着温馨的气息。以前巴黎的老朋友海涅、艾韦贝克、海尔维格、贝尔奈斯也同马克思建立起了通信联系。在布鲁塞尔的一些国家的革命流亡者、当地的先进工人、民主派人士纷纷慕名而来,马克思在布鲁塞尔的家,成了各国革命者和民主人士喜欢的聚会场所,马克思的威望与日俱增。

由此看来,普鲁士反动政府可以把马克思从一个国家驱逐出去,却不能把马克思从各国革命者的心目中驱逐出去,更不能把马克思的新思

①苏共中央马列主义研究院编,胡尧之等译:《回忆马克思恩格斯》,人民出版社1957年版,第291页。

想从他的脑海中驱逐出去。真理终将取代谬误，正义必将战胜邪恶，这就是历史发展的逻辑。

别了，费尔巴哈

恩格斯还在巴门经商时，就曾经给马克思写信建议："目前首先需要我们做的，就是写出几本较大的著作，以便给许许多多非常愿意干但自己又干不好的一知半解的人以一个必要的支点。"①

恩格斯所指的是，当时欧洲社会主义运动和共产主义运动虽然蓬勃发展，但由于指导思想上的混乱，都带有一定的盲目性，因此，"详细创立新观点"就显得格外重要。

当恩格斯来到布鲁塞尔，与马克思再次见面时，他发现，马克思已经大致完成了阐发他的唯物主义历史理论的工作，接下来要做的就是在各个极为不同的方面，详细拟定这些新观点了。

马克思历来是在批判旧体系的同时，确立自己的新体系。在《神圣家族》中，他与恩格斯已对黑格尔及青年黑格尔派的唯心主义体系进行了彻底清算，划清了与他们的界限。随着新的世界观的初步形成，马克思对费尔巴哈哲学有了进一步的认识，开始由对他的赞扬转为对他的批判。

1845 年春，马克思写作了《关于费尔巴哈的提纲》，第一次从根本上批判了费尔巴哈及一切旧唯物主义的局限性。他力图通过批判，既对自己从前的哲学信仰进行清算，也与费尔巴哈的旧唯物主义彻底决裂，同时进一步阐明自己新的根本观点。

马克思的《关于费尔巴哈的提纲》是匆匆写成的，并未打算发表，只是拟定了他批判的纲领性意见。后来他在与恩格斯合著的《德意志意识形态》中，对这些观点都进行了充分的阐释。

恩格斯是在马克思去世后才发现这份提纲的，他称它是"包含着新世界观的天才萌芽的第一个文件"②，并把它作为自己的著作《路德维

① 《马克思恩格斯全集》第 27 卷，人民出版社 1972 年版，第 18 页。
② 《马克思恩格斯选集》第 4 卷，人民出版社 1972 年版，第 208—209 页。

希·费尔巴哈和德国古典哲学的终结》的附录，于 1888 年发表出来。

马克思在《关于费尔巴哈的提纲》中，揭露了费尔巴哈旧唯物主义的根本缺陷，第一次科学地阐明了社会实践在社会生活和人的认识过程中的作用，确立了科学的实践观。在马克思看来，费尔巴哈只是把人看做"感性对象"，没有把人看做"感性的活动"，仅把客观外界看做是认识对象，而不是改造对象，因而不能正确解决主体和客体的关系，更看不到人对客观世界的能动作用。费尔巴哈的唯物主义，不过是直观的唯物主义。

马克思认为，客观世界既是人们认识的对象，又是改造的对象，人们正是在改造世界的过程中，认识了客观世界。马克思指出："人的思维是否具有客观的真理性，这并不是一个理论的问题，而是一个实践的问题。"[1]实践是认识的基础，实践是检验真理的标准。而费尔巴哈把实践看做是卑污的犹太人的活动，认为只有理论的活动才是真正的人的活动，这是错误的。

马克思强调指出，实践不仅是认识论的基本范畴，而且是历史唯物主义的基本范畴。他认为，实践是人的存在方式，是人类社会存在和发展的基础；离开了社会实践，就不能理解社会生活的本质和规律。这样，马克思就在实践的基础上，把辩证唯物主义和历史唯物主义统一起来了。而费尔巴哈恰恰是由于离开社会实践去观察社会生活，才陷入了形而上学和唯心史观。

在《关于费尔巴哈的提纲》中，马克思还探讨了人的本质问题。他指出，由于费尔巴哈不了解实践的作用，因此他对人的本质的理解也是错误的。费尔巴哈仅仅把人的本质理解为人的自然属性，把人仅仅理解为生物学、生理学上的自然的人、抽象的人，没有看到在实践基础上形成的社会关系，这就难免陷入唯心史观。

马克思认为，人们生活在社会之中，不是作为孤立的个体而存在，而是作为社会的一员而存在，社会生活在本质上是实践的。在社会实践

---

①《马克思恩格斯全集》第 3 卷，人民出版社 1960 年版，第 3 页。

中，人不但与自然之间发生一定的关系，而且人与人之间也发生一定的关系，因此，要从人与人的关系方面来揭示人的本质。由此，他得出一个著名的论断："人的本质并不是单个人所固有的抽象物，实际上，它是一切社会关系的总和。"[①]

马克思在《关于费尔巴哈的提纲》中，把自己的新观点同费尔巴哈的旧唯物主义观点进行了对照，由此，确立了自己新世界观的根本原则："哲学家们只是用不同的方式解释世界，而问题在于改变世界。"[②]这是马克思主义哲学与一切旧哲学的最明显的区别。

对于这个新世界观的根本原则，马克思不止一次地提起过。1882年，他在给二女儿劳拉的一封信中，讲过一则意味深长的阿拉伯寓言：

> 有一个船夫在湍急的小河中驾驶着小船，上面坐着一个想过河的哲学家，于是他们发生了下面的对话：
>
> 哲学家：船夫，你懂得历史吗？
>
> 船夫：不懂！
>
> 哲学家：那你就失去了一半生命！
>
> 哲学家：你研究过数学吗？
>
> 船夫：没有！
>
> 哲学家：那你就失去了一半以上的生命！
>
> 哲学家刚刚说完这句话，风就把小船掀翻了。哲学家和船夫双双落入水中，于是，船夫喊道：你会游泳吗？
>
> 哲学家：不会，不会呀！
>
> 船夫：那你就失去了整个生命！

马克思通过这则寓言，对他的新世界观的根本原则作了最形象的诠释。这则寓言的寓意是，懂得历史和数学是在认识世界，而游泳是在改变世界。不会认识世界，不过是丧失了一半以上的生命，不会改造世

---

①《马克思恩格斯全集》第3卷，人民出版社1960年版，第5页。
②《马克思恩格斯全集》第3卷，人民出版社1960年版，第6页。

界，却丢掉了整个生命。马克思不就是用自己一生的理论和实践在改变世界吗！

马克思在《关于费尔巴哈的提纲》这一天才著作中，第一次把社会实践作为科学认识论的基本范畴和历史唯物主义的基本范畴提了出来，这就为创立新的世界观找到了立足点，最终促进了历史唯物主义完整体系的建立，从而实现了哲学史上的伟大变革。

第一个伟大发现

1845 年 7 月，马克思和恩格斯登上了开往英国的客轮。他们不是去观光旅游，而是要对世界上这个最发达的资本主义国家进行一番实地考察。

早在巴黎期间，马克思就投入了对政治经济学的研究。到布鲁塞尔后，他继续进行这方面的研究工作。他早就准备写一部大部头的经济学著作，为了能够掌握大量的文献资料并进一步了解工人运动情况，他决定到资本主义特征最典型、工人运动较活跃的英国去。

在一个多月的时间里，马克思和恩格斯先后去过曼彻斯特和伦敦。他们在曼彻斯特的切特姆图书馆里，在阳光充足的彩色玻璃下面，翻阅、查找了不少政治经济学书籍，并做了大量的摘抄。他们在伦敦考察了英国工人运动的状况，并与宪章派领导人和正义者同盟等组织建立了联系。

考察结束后，马克思回到了布鲁塞尔。在对政治经济学的进一步研究中，他逐渐发现，要批判以前的经济学理论，必须首先批判地改造它的方法论基础，即哲学基础。因此，有必要对当时正在流行的哲学学说和社会学说进行批判，创立一种崭新的哲学理论。研究方向确定后，马克思暂且放下对政治经济学的研究工作，于 1845 年秋至 1846 年夏，与恩格斯投入到《德意志意识形态》这部不朽著作的写作之中。

在那段日子里，马克思和恩格斯天天晚上在一起写作、交谈，他们常常工作到深夜，有时彻夜不眠。时而为理论难题的出现而冥思苦想，时而又为它的圆满解决而兴奋异常，以至于吵得家人不能入睡，琳蘅不得不几次出来摆手。恩格斯后来在回忆布鲁塞尔这段经历时说："我们那时都是大胆的小伙子，海涅的诗篇同我们的散文相比，不过是天真的儿戏而已。"①

在这部著作中，马克思进一步展开和发挥了他在《关于费尔巴哈的提纲》中提出的一些新观点，与恩格斯一起，首先批判了费尔巴哈唯物主义的直观性和他的唯心史观；彻底清算了那些在黑格尔哲学解体中，并在它的废墟上形成的青年黑格尔派布鲁诺·鲍威尔和麦克斯·施蒂纳的主观唯心主义哲学；第一次以比较完整的系统的方式论证了马克思主义哲学，特别是唯物史观的一些重要原理；阐述了科学共产主义的理论，揭示了社会发展的本质和一般规律。

马克思和恩格斯首先阐明了人类历史的前提，第一次明确地提出了"物质生活条件"这一科学概念。他们认为，从事实践活动的人和人们的物质生活条件，是任何人类历史的第一个前提，也是历史唯物主义的出发点。

物质生活条件包括各种各样的因素，其中地质条件、地理条件、人口的增殖等是影响历史发展的基本要素，而物质生活资料的生产和再生产，则是人类社会生存和发展的决定性因素。正是由于物质生产才使人最终脱离了动物界，才开始了人类社会的全部历史过程。

马克思和恩格斯指出："人们为了能够'创造历史'，必须能够生活。但是为了生活，首先就需要衣、食、住以及其他东西。因此第一个历史活动就是生产满足这些需要的资料，即生产物质生活本身。"②没有生产，社会尚不能生存，当然更谈不上"创造历史"的活动了。马克思和恩格斯的这一伟大发现，为历史唯物主义大厦的构建，奠定了牢固的基础。

人类社会的全部历史是从生产开始的，以此为出发点，马克思和恩格斯进一步考察了生产发展的辩证运动，揭示了物质生产推动历史发展的进程。马克思和恩格斯指出，人们进行生产活动，必须发生双重

①《马克思恩格斯全集》第 36 卷，人民出版社 1975 年版，第 33 页。
②《马克思恩格斯全集》第 3 卷，人民出版社 1960 年版，第 31 页。

关系：一方面是自然关系，即生产活动是征服自然、改造自然的活动，因此人和自然界要发生一定的关系，这就是生产力；另一方面是社会关系，即人们不能孤立地进行生产，在生产中人和人之间要结成一定的交往关系。马克思和恩格斯在这里用"交往关系"或"交往形式"的概念来说明生产关系。在生产力和交往关系中，生产力起决定性的作用。生产力发展的不同水平和程度决定了不同历史发展阶段上的交往形式的区别。随着生产力的发展，原来与生产力相适应的交往形式成了生产力发展的桎梏，这就要用新的适应生产力发展的交往形式，代替已成为桎梏的旧的交往形式。

马克思和恩格斯认为，不仅生产力决定交往形式，而且交往形式对生产力的发展也有制约和影响的作用。当交往形式适合于生产发展时，这是生产的必要条件，是人们在生产中的自主活动条件，必然促进生产的发展。当交往形式成了生产的桎梏时，则阻碍生产的发展。因此，马克思和恩格斯得出结论："一切历史冲突都根源于生产力和交往形式之间的矛盾。"①

这个结论表明了，马克思和恩格斯已从原来仅仅揭示经济关系决定政治、法律关系，转向了揭示生产力决定人们之间的一切关系，并制约着社会由一种形式向另一种形式过渡；从原来仅仅揭示物质生产是社会生活的基础，转向揭示这个基础发展的内在机制。这就为人们发现社会历史发展的奥秘提供了钥匙。

马克思和恩格斯通过分析生产力和生产关系的矛盾运动，揭示了生产关系一定要适应生产力状况这一人类社会发展的最基本的规律，指明了人类社会历史的发展，就是在交往形式和生产力之间不断产生矛盾，又不断解决矛盾的过程中实现的。

在这部著作中，马克思和恩格斯还第一次提出了关于经济基础和上层建筑的理论。在这里，马克思和恩格斯仍沿用"市民社会"这一概念来说明经济基础，亦即生产关系。在马克思和恩格斯看来，"市民社

①《马克思恩格斯全集》第3卷，人民出版社1960年版，第83页。

会是全部历史的真正发源地和舞台"①。它决定国家，决定全部观念形式的上层建筑。而且随着生产力向前发展，人们在生产和交往中的物质关系以及经济组织也会发生变化，国家以及观念的上层建筑随之也要改变。

马克思和恩格斯揭示了生产力和生产关系、经济基础和上层建筑的矛盾运动，形成了这两对矛盾推动社会历史发展的思想。这样，社会的一种形式向另一种形式的过渡就是不言而喻的了。

马克思和恩格斯还揭示了革命的必然性。他们认为："生产力和交往形式之间的这种矛盾……每一次都不免要爆发为革命。"②他们着重考察了资本主义社会的私有制，说明了从行会制度发展到工场手工业，再从工场手工业发展到机器大工业，私有制在人类社会发展的一定阶段上的存在是不可避免的。随着大工业的发展，私有制的消灭也是必然的。资产阶级社会里的大工业制造了大量的生产力，使得私有制成了生产力进一步发展的桎梏；资产阶级的大工业还造就了大量反抗旧社会的无产阶级。因此，革命的发生也是不以任何人的意志为转移的。他们指出，为了向共产主义社会过渡，无产阶级"必须首先夺取政权"③。

在《德意志意识形态》中，马克思和恩格斯对历史唯物主义的其他一些主要问题，如阶级的起源和国家的产生，社会存在和社会意识的关系，社会意识的各种形式如宗教、哲学、道德等等，也都作了较为详尽的阐述。

这部内容丰富、思想深刻的巨著，马克思和恩格斯仅用了 6 个月的时间就写成了。他们第一次比较系统地完整地阐述了历史唯物主义的基本原理，标志着第一个伟大发现的基本完成。

唯物史观创立的伟大意义，正如恩格斯所说的那样，"不仅对于经济学，而且对于一切历史科学（凡不是自然科学的科学都是历史科学）都是一个具有革命意义的发现"④。它不仅为经济学的诞生提供了科学

① 《马克思恩格斯全集》第 3 卷，人民出版社 1960 年版，第 41 页。
② 《马克思恩格斯全集》第 3 卷，人民出版社 1960 年版，第 83 页。
③ 《马克思恩格斯全集》第 3 卷，人民出版社 1960 年版，第 38 页。
④ 《马克思恩格斯选集》第 2 卷，人民出版社 1972 年版，第 117 页。

的理论基础，引起了政治经济学领域的伟大变革，而且还为社会主义研究提供了科学的理论基础，使社会主义由空想变为科学。

遗憾的是，《德意志意识形态》这部伟大著作，在马克思和恩格斯生前没能全文发表，直到 1932 年才在苏联第一次全文发表。马克思 1846 年 12 月 28 日在写给他的俄国朋友巴·瓦·安年柯夫的信中谈到了这部书不能发表的原因："您很难想象，在德国出版这种书要碰到怎样的困难，这困难一方面来自警察，一方面来自代表我所抨击的一切流派的利益的出版商。"①

后来，马克思在《政治经济学批判》一书的序言中，在谈到《德意志意识形态》这部书时，曾诙谐地写道："既然我们已经达到了我们的主要目的——自己弄清问题，我们就情愿让原稿给老鼠的牙齿去批判了。"②

由于《德意志意识形态》未能出版，它的科学思想在当时一直未能传播开去。1847 年，马克思针对法国的小资产阶级社会主义者、无政府主义的创始人蒲鲁东所发表的《贫困的哲学》，针锋相对地发表了《哲学的贫困》。马克思在这部书中，第一次以论战的形式，公开阐述了自己新世界观的那些基本观点。

他通过批判蒲鲁东建立其经济学理论的唯心主义、形而上学基础，阐明了辩证唯物主义的基本观点；通过批判蒲鲁东对黑格尔辩证法的歪曲，阐明了唯物辩证法的基本观点；通过对蒲鲁东唯心史观的批判，进一步明确地阐明了历史唯物主义的一系列基本原理。

可以说，马克思和恩格斯在这一时期的理论研究中，取得了重大的成果。他们在《神圣家族》《关于费尔巴哈的提纲》《德意志意识形态》和《哲学的贫困》中，全面、系统、精辟地阐述了历史唯物主义的基本原理，从而最终完成了他们的第一个伟大发现。唯物史观的创立，宣告了曾在历史上显赫一时的德国古典哲学，在攀上它所能企及的理论高峰之后，不可避免地走向终结。

---

① 《马克思恩格斯全集》第 27 卷，人民出版社 1972 年版，第 488 页。
② 《马克思恩格斯选集》第 2 卷，人民出版社 1972 年版，第 84 页。

就在马克思在布鲁塞尔从事紧张的理论研究时，贫困的阴影也时时笼罩着他们的家。原以为《德意志意识形态》出版后的稿酬可以暂解燃眉之急，然而这一希望也成了泡影。随着马克思二女儿劳拉、小儿子埃德加尔的出生，一家的生活开销不断增多，变卖和典当家中的贵重物品已是常事。生活尽管十分清贫，理论研究尽管非常艰辛，但马克思感到精神世界十分充实。孩子们的嬉戏给马克思带来了无穷的乐趣，燕妮的理解和支持排解了马克思无尽的烦恼，为全人类工作的信念，激励他不懈地攀登和求索，马克思的理论研究跃上了一个新的高度。

经久不衰的《宣言》

1848 年欧洲革命爆发的前夜，各种社会矛盾日益激化，各种社会思潮异常活跃。当时欧洲流行着各种社会主义的流派，马克思的科学社会主义，不过是无数社会主义派别中的一个。它仅仅在德国的一部分知识分子中传播，范围很窄。马克思深知，创立理论的目的在于改造世界，而革命理论只有为无产阶级和广大人民群众所掌握，才能变为改造世界的强大的物质力量，因此传播科学理论刻不容缓。

1846 年 2 月，马克思同恩格斯等人一道创建了布鲁塞尔共产主义通讯委员会，试图通过通讯手段，把各国的社会主义者和共产主义者联系起来，以便及时地互通信息，了解时局，宣传理论，统一思想。通讯委员会建立后，工作卓有成效，联系范围迅速扩大，并逐步地在巴黎、勒阿弗尔、哥特堡、哥本哈根、科伦、伦敦、爱北斐特、汉堡、马德堡、基尔、莱比锡等地先后建立起分会。

通讯委员会成功地向各国的社会主义者和先进工人传播科学社会主义理论，批判工人运动中存在着的形形色色的资产阶级和小资产阶级的错误思潮，并为各国无产阶级和广大人民群众开展的反对封建主义和资本主义的斗争，提供强有力的指导。通过马克思等人出色的工作，各国的社会主义者和工人们逐步接受了马克思、恩格斯的科学社会主义理论，这就为缔造无产阶级政党奠定了坚实的理论基础。

随着欧洲工人运动的蓬勃发展，广大无产阶级在斗争中越发感到团结起来、组织起来，建立以科学的革命理论为指导的无产阶级政党的必要性和迫切性。当时受马克思和恩格斯新世界观学说影响最深、最主动要求得到马克思和恩格斯直接指导的国际工人革命团体，就是著名的"正义者同盟"。

正义者同盟的前身是 1834 年由德国政治流亡者在巴黎建立的"流亡者联盟"。它的主要成员是一些德国的手工业工人。这是一个半宣传、半密谋性的组织，它的奋斗目标是"使世上一切人享受自由，使任何人都不比别人生活得好些或坏些"。这个组织相继在法国、德国、瑞士等地建立起支部，具有国际性。长期以来，他们的指导思想是魏特林的"平均的社会主义"理论，此外还受到其他空想社会主义流派的影响。

1847 年 1 月，正义者同盟中央委员会派人专程从伦敦赴布鲁塞尔，拜会马克思，后又赶赴巴黎拜会恩格斯，邀请他们加入正义者同盟。而且他们向马克思和恩格斯通报，正义者同盟中央委员会已决定抛弃平均的社会主义和空想社会主义主张，放弃密谋策略，接受马克思和恩格斯的科学理论。面对正义者同盟的这一重要转变和盛情邀请，马克思和恩格斯接受了他们的建议，并决定帮助同盟实行改组。

几个月后，正义者同盟在伦敦召开了第一次代表大会。遗憾的是，马克思当时正遭受贫困的煎熬，没有路费前往。因而，只好由威廉·沃尔弗代表布鲁塞尔方面去参加会议。大会根据马克思和恩格斯的建议，将"正义者同盟"改为"共产主义者同盟"；抛弃了原来的"人人皆兄弟"的口号，取而代之的是至今仍给予全世界无产阶级以巨大鼓舞的新口号——"全世界无产者，联合起来！"大会讨论了在恩格斯指导下拟订的同盟新章程草案。章程规定盟员要信仰共产主义，章程还以民主集中制原则代替了宗派主义的密谋统治，规定盟员有选举和撤换干部的权利。

就这样，由马克思和恩格斯亲自参与缔造的第一个国际性的无产阶级政党诞生了。

1847 年 11 月，共产主义者同盟在伦敦召开第二次代表大会，马克思和恩格斯参加了这次大会。大会通过了共产主义同盟章程。章程明确规定，同盟的目的是："推翻资产阶级政权，建立无产阶级统治，消灭旧的以阶级对抗为基础的资产阶级社会和建立没有阶级、没有私有制的新社会。"①会上，马克思作了慷慨激昂的发言。他批判了形形色色的社会主义理论，阐明了科学社会主义理论，论述了无产阶级政党的纲领和策略。马克思渊博的知识、缜密的逻辑、为全人类造福的赤子之心，给与会者留下了深刻的印象。他们信服他的理论，并深信在这样的领袖领导下工人运动必然会取得胜利。

　　大会还委托马克思和恩格斯，为新建立起来的无产阶级政党起草一个公开发表的纲领。这个纲领就是《共产党宣言》。

　　马克思和恩格斯从 1847 年 12 月到 1848 年 1 月，为写作这篇光辉著作耗费了两个多月的时光。马克思几乎每天都夜以继日地伏案工作。在这段忙碌的日子里，燕妮是他最忠实的助手和秘书。她一丝不苟地为马克思整理和抄书写稿，时常忙到深夜。恩格斯非常敬佩燕妮，他赞叹

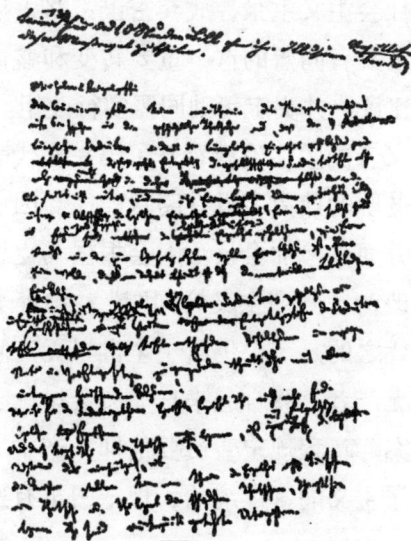

《共产党宣言》手稿（头两行字为马克思夫人燕妮的手迹）

---

①《马克思恩格斯全集》第 4 卷，人民出版社 1958 年版，第 572 页。

地说燕妮是"把使别人幸福视为自己的幸福"的女性。

1848 年 2 月,《共产党宣言》在伦敦第一次以单行本形式发表。

《共产党宣言》把马克思主义哲学、马克思主义政治经济学和科学社会主义有机地结合起来,融为一体,形成了一个严密的思想体系。"这部著作以天才的透彻鲜明的笔调叙述了新的世界观,即包括社会生活在内的彻底的唯物主义、最全面最深刻的发展学说辩证法以及关于阶级斗争、关于共产主义新社会的创造者无产阶级所负的世界历史革命使命的理论"[①]。

在《共产党宣言》中,马克思和恩格斯用生动精辟的语言描述了资本主义社会中无产阶级和资产阶级两大基本阶级产生、发展和斗争的过程,阐明了资本主义社会必然灭亡、社会主义必然胜利的客观规律。他们认为,从原始公社解体以来,全部历史都是阶级斗争的历史。而阶级斗争的发展是由生产力和生产关系的矛盾决定的。资本主义社会代替封建社会的根本原因,是由于生产力的不断发展使得封建的所有制关系变成了束缚生产力的桎梏。资产阶级革命打破了这一桎梏,建立了资本主义经济制度。

在资产阶级时代有一个特点,它使阶级关系简单化了,"整个社会日益分裂为两大敌对的阵营,分裂为两大相互直接对立的阶级:资产阶级和无产阶级"[②]。资产阶级作为新的生产方式的代表者,在历史上曾经起过非常革命的作用,一方面,它推翻了封建社会制度;另一方面,它又创造了任何时代都不能比拟的巨大的生产力。

但是资本主义社会也只是历史发展过程中的一个特定阶段。随着生产力的发展,资本主义的生产关系已经无法支配这种生产力了,它从促进生产力发展的形式变成生产力发展的桎梏,其最明显的表现就是周期性经济危机的出现。资产阶级无法克服这种危机,因此必然走向灭亡。

马克思和恩格斯论证了无产阶级的历史使命。他们认为在同资产阶级对立的一切阶级中,只有无产阶级是真正的革命的阶级,其余的阶级

---

①《列宁选集》第 2 卷,人民出版社 1972 年版,第 578 页。
②《马克思恩格斯选集》第 1 卷,人民出版社 1972 年版,第 251 页。

随着大工业的发展而日趋没落和灭亡，而无产阶级却是大工业本身的产物。资产阶级不仅锻造了置自身于死地的武器，即现代生产力，而且还造就了运用这种武器的人——现代的工人，即无产者。无产阶级是资本主义的掘墓人。无产阶级只有用暴力推翻资产阶级，才能建立自己的统治，这种运动是绝大多数人的，为绝大多数人谋利益的运动，因此，"资产阶级的灭亡和无产阶级的胜利是同样不可避免的"。

在《共产党宣言》中，马克思和恩格斯论述了无产阶级政党的学说，指明了党的性质、特点、基本任务和最终奋斗目标。他们指出，共产党人不是同其他工人政党相对立的特殊政党。他们没有任何同整个无产阶级的利益不同的利益。但共产党人又有着同其他无产阶级政党的不同之处：在实践方面，共产党人是各国工人政党中最坚决的、始终推动运动前进的部分；在理论方面，他们比其余的无产阶级群众更了解无产阶级运动的条件、进程和一般结果。马克思和恩格斯指出，共产党人的最近目的，是和其他一切无产阶级政党的最近目的一样：使无产阶级形成阶级，推翻资产阶级的统治，由无产阶级夺取政权。"共产党人可以用一句话把自己的理论概括起来：消灭私有制"①。

他们逐一驳斥了资产阶级对共产党人提出的种种责难，并对各种冒牌的社会主义进行了科学的分析、揭露和批判。最后，马克思和恩格斯以大无畏的胆略，气势磅礴地宣告："共产党人不屑于隐瞒自己的观点和意图。他们公开宣布：他们的目的只有用暴力推翻全部现存的社会制度才能达到。让统治阶级在共产主义革命面前发抖吧。无产者在这个革命中失去的只是锁链。他们获得的将是整个世界。"②

《共产党宣言》是讨伐资产阶级制度的檄文，是科学社会主义的第一个伟大纲领，是对马克思主义首次完整、系统的表述，是马克思主义诞生的标志。

《共产党宣言》问世后，很快就被译成法文、波兰文、意大利文、

---

①《马克思恩格斯选集》第 1 卷，人民出版社 1972 年版，第 265 页。
②《马克思恩格斯选集》第 1 卷，人民出版社 1972 年版，第 285—286 页。

丹麦文、佛莱米文、瑞典文等等。当《共产党宣言》发表 40 年后，1888 年 1 月，恩格斯在同年的《共产党宣言》英文版序言中，对《共产党宣言》作了一个具有总结性的评价。他说，《共产党宣言》"无疑是全部社会主义文献中传播最广和最带国际性的著作，是从西伯利亚起到加利福尼亚止的千百万工人公认的共同纲领"①。

如今，《共产党宣言》在全世界已经有了 200 多种文字的版本，出版了上千次，成为除基督教的《圣经》之外发行量最大、传播范围最广的著作。

1998 年 2 月，《共产党宣言》发表 150 周年的时候，世界各地的一些组织和个人纷纷召开学术会议和撰写纪念文章。他们认为，尽管《共产党宣言》已发表一个半世纪，情况发生了很大变化，但马克思主义的基本原理没有过时，仍然是分析当代资本主义最有力的武器。

日本著名的马克思主义经济学家、东京大学名誉教授、经济学博士伊藤诚在其所著的《现代世界和〈共产党宣言〉》一文中说："今天，我们重温《共产党宣言》的教导，仍能激起胸中的革命热情，这足以证明《共产党宣言》在现代也是一部活生生的经典之作。"②

美国《洛杉矶时报》刊登的汉斯·马格努斯·恩岑斯贝格尔的文章也认为，时至今日，《共产党宣言》仍具有吸引力，它的许多部分读起来如美妙的诗篇。以往的理论著作现在都被抛进了故纸堆，充其量也只能供学术界使用，但马克思和恩格斯的这些充满活力的词句却会继续给下一个世纪带来震撼和启迪。

2008 年从美国开始的世界性金融危机爆发后，《共产党宣言》在西方又重新风行起来，成为人们竞相购买的畅销书。

马克思的"幽灵"挥之不去，《共产党宣言》的魅力经久不衰。

---

①《马克思恩格斯选集》第 1 卷，人民出版社 1972 年版，第 236 页。
②俞可平主编：《全球化时代的"马克思主义"》，中央编译出版社 1998 年版，第 167 页。

欧洲革命风暴的洗礼

再驱逐一次又如何

1848 年 2 月，与《共产党宣言》在伦敦出版几乎同时，席卷整个欧洲的资产阶级革命终于爆发了。

这场大革命孕育已久。19 世纪上半叶，正在崛起的欧洲资本主义与残存的封建专制制度之间的矛盾日趋激化；欧洲各国的无产阶级和劳动人民在资本家和地主的残酷剥削压迫下，悲惨的生活每况愈下，日益陷入水深火热之中。1845—1846 年发生的欧洲农业歉收，1847 年爆发的资本主义世界经济危机，像催化剂一样加速了革命的兴起。

1848 年 2 月 22 日晨，巴黎街头响起了《马赛曲》和"改革万岁"的口号声，就此拉开了欧洲大革命的序幕。

第二天，革命群众与反革命军队展开了激烈的巷战。入夜，成千上万的工人和革命群众高擎火炬举行示威大游行，"建立共和"的口号声响彻巴黎大地。24 日，法国国王路易·菲力普狼狈地逃往英国，七月王朝被推翻，法兰西共和国临时政府宣告成立。

革命火种一经点燃，便以不可阻挡之势，在欧洲其他国家迅速燃起。先是在维也纳，接着在柏林爆发革命。随后，匈牙利、捷克、波兰、罗马尼亚的民族解放运动也陆续掀起。6 月，巴黎无产阶级再次发动起义，展开了要求建立"社会民主共和国"的武装斗争，把革命推向了高潮。与以往革命不同的是，无产阶级作为一个新型的阶级，已形成为一支独立的政治力量，登上了广阔的政治舞台。

当马克思在报纸上看到巴黎爆发革命的消息后，十分高兴。他早就预见到了这一天的到来。

革命风暴很快便席卷比利时,比利时人民也展开了要求废除君主制度、建立共和国的运动。比利时国王奥波德一世表面上假惺惺地表示,如果人民要他下台,他马上下台,暗地里却派反动军警不断驱散在布鲁塞尔街头进行聚集的群众,同时更变本加厉地迫害外国的革命流亡者。马克思也受到秘密的监视。

马克思是那种"富贵不能淫,贫贱不能移,威武不能屈"的人。他无所顾忌地投入到革命斗争之中。2月下旬,布鲁塞尔民主协会决定尽快将工人和市民武装起来,以便对付比利时政府的随时反扑。马克思毫不犹豫地捐出了数千塔勒,这是此前的几个星期,他刚刚从父亲那里继承的一笔遗产。尽管这笔钱对于改善他们全家的现状、为孩子们创造一个良好的生活和学习环境是那么重要,但是,为了给布鲁塞尔工人购置武器,马克思果断地捐出了这笔款项。

马克思除了在布鲁塞尔直接参加斗争之外,还时刻关注革命中心巴黎的动态。2月28日,布鲁塞尔民主协会向法兰西共和国临时政府发出贺信,祝贺法兰西民族对人类所作出的伟大贡献。没过几天,马克思就收到了法国临时政府从巴黎发来的邀请信。信中写道:"勇敢而正直的马克思:法兰西共和国是所有自由之友的避难所。暴政把您放逐,自由的法兰西向您、向所有为神圣事业和各国人民的友好事业而斗争的人们敞开着大门。"[1]

马克思非常想去革命的中心,高兴地准备接受这一邀请。然而,就在同一天的下午5时,他收到了比利时政府的驱逐令,限他24小时内离境。比利时反动政府再也不能容忍马克思所从事的革命活动了,驱逐,这是他们对抗革命所采取的最厉害的一招。

被反动政府驱逐,在马克思看来,已是家常便饭。一次,两次,再来一次又如何!马克思早就说过,他是个世界公民,走到哪儿就在哪儿工作。

---

[1]《马克思恩格斯全集》第14卷,人民出版社1964年版,第746页。

马克思的故事

只是留给马克思的时间实在太少了，他还有许多工作要做。最主要的是，法国二月革命爆发后不久，共产主义者同盟伦敦中央委员会便作出决议，决定在革命时期将中央委员会的职权交给实际上由马克思领导的布鲁塞尔区部委员会。然而，布鲁塞尔区部委员会刚刚担此重任，形势就突然恶化起来，其主要领导人有的被逮捕、有的被放逐。马克思在临行前必须安排好这项工作。他紧急在自己家里召开了布鲁塞尔中央委员会，讨论中央委员会驻地的迁址问题。会议决定中央委员会所在地迁往巴黎，并授权马克思组建新的中央委员会。

会议刚刚开完，人员还没来得及疏散，比利时警察便闯进住宅，搜查了马克思的家。他们借口马克思没有身份证逮捕了他，并把他投入牢房，同一个狂暴的精神病患者关在一起。

紧接着，比利时反动政府的迫害又落到了燕妮的头上。马克思被捕后，燕妮立刻去找比利时民主协会主席若特兰先生，请他采取必要的措施。可就在她回家途中，一个巡警抓住了她，把她带到警察局。警官粗暴地审问她，问她是什么人，为什么到若特兰先生那里去，她是否持有身份证等等。接着，他们便以"游荡罪"把燕妮送进了市政厅监狱，和妓女一起关在阴暗的牢房里。

第二天上午 11 时，一队宪兵在众目睽睽之下把燕妮送到侦讯室。他们审问了她两个小时，她在那里忍受了严寒和宪兵的极其可恶的对待。他们实在问不出什么，最后，燕妮的全部罪名就是她虽然出身于普鲁士贵族，却赞成丈夫的民主信念。直到傍晚，燕妮才被放了出来。

马克思在被关押了 18 个小时后获释出狱，但驱逐令仍然有效，24小时的限期已过。马克思及其全家只得在那个春寒料峭的日子里，立即离开布鲁塞尔，再去巴黎。由于离境的时间太短，他们甚至连家里最值钱的银盘子和最好的衣物都没来得及带上。

比利时政府对马克思一家的无耻迫害引起了公众的义愤，在报纸抗议文章铺天盖地的声讨下，议会中也有人发出了尖锐的质问，迫于压力，比利时政府不得不把有关官员撤职。

心系别离的故土

风尘仆仆的马克思到达巴黎之后，春的气息已笼罩着这座城市。街头高大的建筑物上飘扬着法国蓝、白、红三色旗，不时还有唱着《马赛曲》的游行队伍走过。

马克思刚落下脚，随即开始着手组建共产主义者同盟新的中央委员会。3月10日，同盟新的中央委员会在巴黎组成。马克思众望所归出任主席，恩格斯和沃尔弗都是委员。

当时，在革命浪潮的影响下，在巴黎的许多德国流亡者中流行着组织革命义勇军，打回自己的祖国去建立共和国的动议。他们认为，法国革命已推翻了国王的统治，德国革命进展太慢，应组成一支武装的队伍打回本国去，引发那里的革命。马克思敏锐地认识到这种冒险主义的思想和做法是十分危险的，这简直就是拿革命当儿戏，其结果，只会是把孤立无援的义勇军送去给政府军消灭。

马克思以德国工人俱乐部为阵地，耐心地说服工人放弃参加义勇军的想法，单个地返回祖国参加革命活动。

经过同盟中央委员会的工作，大约有三四百名工人逐一回到了德国。37年后，恩格斯在《关于共产主义者同盟的历史》一文中回忆当时的情景时，还不无感慨地说："我们十分坚决地反对了这种把革命当做儿戏的做法。正在德国发生骚动的时候侵入德国，以便从外面强行输入革命，那就等于破坏德国的革命，加强各邦政府，并且使义勇军徒手去受德国军队摆布。"[1]这种机会主义的做法及时得到了制止。

1848年的革命形势如燎原之火。不久，奥地利首都维也纳发生了大规模的武装起义，打倒了人们痛恨的梅特涅政权。接着，柏林也爆发了武装起义。尽管国王动用了他的精锐部队，但坚持巷战的工人、手工业者、小市民和学生毫不屈服，终于迫使国王下令他的军队撤离柏林。同时，在人民群众的强烈要求下，这位曾经不可一世的国王不得不脱帽

---

[1]《马克思恩格斯选集》第4卷，人民出版社1972年版，第199页。

向在巷战中牺牲的烈士鞠躬致敬。

德国革命的胜利使马克思欢欣鼓舞。但他认为，在一部分工人和小资产者中，还对资产阶级内阁存在着幻想，有必要向他们提供一个纲领，使他们明确认识这次革命的任务和目标，时刻保持清醒的头脑，把革命推向前进。

1848年3月底，针对当时的形势，马克思和恩格斯在巴黎起草了《共产党在德国的要求》一文。文中列出的17条要求，实际上就是共产主义者同盟在刚刚开始的德国革命中的政治纲领。

为了解决德国革命的根本问题——实现民族统一，《要求》提出了符合德国人民利益的无产阶级民族纲领，即"全德国宣布为一个统一的、不可分割的共和国"。只有建立这样的共和国，才能结束三十几个邦封建割据的局面，形成统一的德意志国家。

《要求》提出了一系列民主改革政治制度的要求：给予21岁的男子以普选权；发给人民代表薪金，使德国工人也有可能出席德国人民的国会；武装全体人民；诉讼免费；彻底实行政教分离；实行普遍的免费的国民教育。这些要求保证了每个德国人都有受教育的平等机会和在法律面前人人平等。

《要求》还提出了土地纲领，主要内容是：无偿地废除徭役租、代役租、什一税和其他封建义务；各邦君主的领地和其他封建地产，一切矿山、矿井等，全部归国家所有，在这土地上用新的科学方法大规模地经营农业，以利于全社会；农民的抵押地宣布为国家所有，这些抵押地的利息由农民缴纳给国家；在租佃制流行的地区，地租或租金作为赋税缴纳给国家。这些要求给农民指出了一条摆脱剥削的道路。

此外，《要求》还提出由国家掌握一切运输工具，将铁路、运河、轮船、道路、邮局等全部归国家所有，并且无偿地由无产阶级支配；限制继承权；实行高额累进税，取消消费品税；建立国家工厂，国家保证所有的工人都有生活资料，并且负责照管丧失劳动力的人。这些要求有助于向消灭资产阶级私有制过渡。

不难看出，《要求》体现了《共产党宣言》中所规定的无产阶级在民主革命中的任务和共产党人策略的基本理论原则，是指导无产阶级参加资产阶级民主革命的具体行动纲领。

为了广泛宣传这一纲领，《共产党在德国的要求》被大量印成传单，后来还发表在一系列的民主报纸上。同时，中央委员会把这个指示性文件连同《共产党宣言》一起，发给了那些回国的共产主义者同盟盟员，由他们带往德国各地。

1848年4月初，马克思和恩格斯也踏上了德国的大地，返回故乡直接参加革命运动。在巴黎起草《共产党在德国的要求》时，马克思就有了回德国创办日报来指导和团结德国的无产阶级的计划。

马克思和恩格斯来到了莱茵省的中心城市——科伦，这是马克思5年前办《莱茵报》的地方。这一次把战场也就是办报的地点设在这里而不是柏林，是经过充分考虑的。

科伦是莱茵省的省会，莱茵省经历过法国革命，当时在各方面都是德国最先进的部分。而柏林作为一个"王都"所具有的特点却是，在那里有刚刚诞生的资产阶级，有口头上勇敢但行动怯懦的奴颜婢膝的小市民，有还极不发展的工人，有大批的官僚以及贵族和宫廷的奴仆。显然，从阶级构成的政治氛围来看，科伦要比柏林优越得多。

另外，具有决定意义的是，当时在柏林实行的是普鲁士法，而在莱茵河地区实行的则是拿破仑法典，这个法典根本不知道有什么报刊案件。因而，在科伦办报与在柏林办报相比，会享受到相对宽松得多的出版自由。更何况马克思5年前在这里办过《莱茵报》，还有一定的影响力。

马克思来到科伦后，一方面努力筹办报纸，另一方面积极参加工人运动。为了祖国的统一，为了受苦受难的同胞，他将无畏地投入火热的斗争。

当马克思向科伦市政当局申请的居住权被批准下来后，燕妮带着3个孩子辗转来到这里。他们在塞西利街找到了一处简单清静的住房。不久，马克思的朋友把他留在布鲁塞尔没来得及搬走的家当搬运到这里。于是，马克思动荡不安的家，又在科伦暂时找到了它的栖身之地。

战斗在科伦打响

马克思在科伦筹办的新报,定名为《新莱茵报》,这既表明了与他原来主编过的《莱茵报》的区别,又表明了它们之间的联系。

白手起家地创办一份大型日报,谈何容易。资金的筹集是他们首先遇到的最大难题。为了解决这个问题,马克思和恩格斯四处奔波筹措。恩格斯甚至回到了故乡巴门向父亲开口要钱。这位工厂主对儿子所做的事情非常恼火,他声言宁可让恩格斯吃 1000 颗子弹,也不会送给他们1000 塔勒。最后,马克思把父亲留给他的遗产余下的 7000 塔勒贡献出来,再加上恩格斯的生活费用和一些革命同情者的支持,报纸才得以出版。

《新莱茵报》于 1848 年 6 月 1 日创刊,在报头下标明"民主派机关报"。实际上,《新莱茵报》并非德国某一民主派组织的机关报,它是代表着民主派中无产阶级观点的报纸,是共产主义者同盟的机关报。

《新莱茵报》的总编辑是马克思。他要拟订每天的编排计划,撰写社论,编审大部分稿件。既要同国内外的通讯员联系,又要同国内的进步报刊交往;既要同自由派报刊的诽谤作斗争,又要时刻对付反动当局

《新莱茵报》时期的马克思

的威胁和纠缠。恩格斯和其他几位共产主义者同盟盟员担任编委。恩格斯知识渊博、思维敏捷、文笔流畅，是马克思最得力的助手。

《新莱茵报》一经诞生，便以叱咤风云之势，很快成为革命年代德国最著名的报纸。而在这之前或之后，还没有一家德文报纸像《新莱茵报》那样有威力和影响力。它时常一天出两次，总能以最快的速度把那些最新的消息传达给人民群众，鼓舞他们的斗志。它在将近一年的历程中，始终坚持自己明确的政治纲领，在指导无产阶级的革命斗争过程中发挥了重要的作用。

《新莱茵报》不仅将斗争的矛头指向公开的反动政府，而且指向隐藏的敌人——大资产阶级，指导着德国各地反对封建专制制度的斗争。报纸针对三月革命后人们对各级议会的幻想，及时揭穿了大资产阶级同国王进行的种种妥协活动，抨击了他们在各邦政府已经举起屠刀的时候，却把议会变成"清谈馆"。报纸用每天发生的大量事实，揭露反动势力为夺回他们在三月失去的阵地而施展的种种阴谋，提醒民主势力要提高警觉。

《新莱茵报》对各国革命运动也表示了极大的关注。1848 年 6 月巴黎工人再次起义，马克思通过报纸向德国民众报道了巴黎的有关情况。起义失败后，马克思还专门写了《六月革命》一文。其开篇的第一句话是："巴黎工人被敌人的优势力量镇压下去了，但是并没有向他们投降。工人被击溃了，但真正被打败的是他们的敌人。"①马克思初步总结了法国革命几个月来所经历的过程，他指出，法国资产阶级以它的全部政策推动工人举行起义，而正当陷于绝望的工人行动起来的时候，资产阶级却用他们的鲜血洗涤了巴黎的街道。他以血的事实对资产阶级进行了无情的揭露。

《新莱茵报》还十分关心波兰、匈牙利人民的民族解放运动和意大利人民争取独立的斗争，给予他们有力的声援。

巴黎六月起义失败后，欧洲各国的反革命开始反扑。普鲁士也不甘

①《马克思恩格斯全集》第 5 卷，人民出版社 1958 年版，第 153 页。

落后。7月，科伦工人联合会的领导人被捕。马克思随即在《新莱茵报》上发表《逮捕》一文，揭露普鲁士反动政府镇压人民革命的阴谋。

《新莱茵报》"真正像手榴弹一样地打击敌人"，赢得了人民的信任。它在3个月内印数达到5000份，这是其他报纸可望而不可即的，也是德国封建势力和大资产阶级所不能容忍的。于是，迫害又一次降临到马克思头上。法院传讯了马克思、恩格斯以及《新莱茵报》的发行负责人，随后编辑部也遭到搜查。科伦当局竟否认马克思的普鲁士公民权，企图驱逐他出境。

在处境如此险恶之时，马克思的斗志仍丝毫未减。他在以主要精力办报的同时，还始终积极地参加科伦工人联合会和民主协会的活动，并在其中发挥了重要的作用。他还动身前往柏林和维也纳开展工作。当时的大学生卡·叔尔茨回忆了自己在一次会上见到马克思的情景："那时他才30岁，但他已经是公认的社会主义派的领袖了。他个子不高，体格结实，前额宽大，黑头发，大胡子，眼睛又黑又亮。他很引人注意。人们谈到他的专长时，说他是一位杰出的学者……马克思的言谈切实而有内容，清晰而合乎逻辑……我到现在都还记得他说到'资产者'这个字时的尖刻讽刺的声调。"[1]马克思当时的战斗风采可略见一斑。

马克思卓越的政治活动和《新莱茵报》所做的大量革命宣传工作，对欧洲各国革命产生了极大影响，也使普鲁士和各国的反动势力深感不安，他们一计不成又生一计，想方设法地对马克思和《新莱茵报》进行打击陷害。9月26日，《新莱茵报》被反动政府勒令停刊。经过马克思、恩格斯等人的一再努力，经过民主进步人士的鼎力相助，《新莱茵报》才于10月12日复刊。在随后爆发的维也纳十月起义中，刚刚复刊的《新莱茵报》又发挥了重要的宣传和指导作用。

反动政府对《新莱茵报》怀恨在心，多次密谋要将其搞垮。1849年2月，他们再次将马克思、恩格斯以及《新莱茵报》的发行负责人科尔夫推上法庭，强加的罪名是因发表《逮捕》一文而侮辱国家官吏。然

---

①苏共中央马克思列宁主义研究院编，胡尧之等译：《回忆马克思恩格斯》，人民出版社1957年版，第315页。

而，令反动当局没有想到的是，他们"偷鸡不成反倒蚀把米"。马克思和恩格斯从容不迫地把法庭作为开展斗争和宣传革命理论的阵地，以敌人无法相比的才智和渊博的知识同他们展开了斗争。马克思无懈可击地剖析了起诉书，逐条批驳了起诉书中所依据的刑法典的条文。他的雄辩的发言促使陪审员只得宣判他们无罪。

反动当局岂能善罢甘休，第二天，马克思又因"煽动叛乱罪"，再次出庭受审。马克思在法庭上所作的长篇发言比第一天更为精彩，以至于深深地打动了陪审员，马克思再次被宣告无罪。不仅如此，首席陪审员甚至还代表陪审员对马克思富有教益的发言表示感谢。

反动当局迫害马克思的阴谋暂时未能得逞，但他们在暗中仍在策划新的阴谋。科伦要塞司令认为马克思是"莱茵省骚乱的主要祸根"，因而在庭审失败后建议驱逐马克思。这个建议虽经当局同意，但由于时机不成熟而没有马上实施。1849年4月和5月初，内务大臣又多次提出要把《新莱茵报》的编辑送上法庭。为此，有关方面竟制造了二三十次以《新莱茵报》编辑为被告的诉讼案，但都因检察机关心有余悸而未能成讼。

复刊后的《新莱茵报》愈战愈勇，恩格斯在后来的回忆中写道："在整个德国，人们都因为我们在普鲁士的头等堡垒里敢于面对着八千驻军和岗哨做出这一切事情而感到惊讶；但编辑室内的八支步枪和二百五十发子弹，以及排字工人头上戴着的红色雅各宾帽，使得我们的报馆在军官们眼中也成了一个不能用简单的奇袭来夺取的堡垒。"①

1849年5月，普鲁士政府相继镇压了德累斯顿、爱北斐特的人民起义后，立即把矛头指向《新莱茵报》。马克思于5月16日收到限他24小时内离开普鲁士的驱逐令。《新莱茵报》的其他编辑也相继接到驱逐令和通缉令。反动当局终于按捺不住下手了。

这是一个悲壮的时刻。5月19日，《新莱茵报》在即将迎来一周岁生日之际，使用红色油墨印发了它的最后一期——第301号。从1848

①《马克思恩格斯选集》第4卷，人民出版社1972年版，第184页。

年 6 月 1 日创刊到 1849 年 5 月 19 日终刊,《新莱茵报》共出了 301 期,马克思和恩格斯在上面发表了 350 多篇文章。

编辑们在给读者的告别书中宣告:

> "新莱茵报"的编辑们在向你们告别的时候,对你们给予他们的同情表示衷心的感谢。无论何时何地,他们的最后一句话始终将是:工人阶级的解放! ①

随后,马克思在处理报纸停刊的善后问题过程中,再次展现了崇高的自我牺牲精神。为了贴补报纸停刊后工人和编辑人员的生活,马克思将从订户处得到的收入和出卖快速印刷机的钱全部发给了排字工人、印刷工人、纸商、通讯员和编辑。由于钱不够,还另外借了 300 塔勒。这样做的结果是使他再次陷入经济上的绝境,以至于燕妮只得把刚刚赎回来的银制餐具再次当掉。

在《新莱茵报》最后一期出刊后,马克思便离开科伦。他在此后的一段日子里先后辗转于莱茵河畔的法兰克福、巴登、普法尔茨、宾根等德国西南部的一些地区,与恩格斯一起从事革命活动。

革命风暴后的反思

1849 年 6 月初,马克思回到巴黎。他带着普法尔茨民主派的委托书,想争取法国民主派对德国起义的支持。

这时的法国正在酝酿一场新的政治危机。由于路易·波拿巴总统公然出兵协助罗马教皇镇压意大利革命,违背了宪法关于法兰西共和国永不侵犯其他国家自由的规定,因而法国议会反对派山岳党在弹劾总统的动议被否决后,于 6 月 13 日发动群众进行了和平示威。赤手空拳的群众遭到了法国军队的血腥镇压。情况发生了突变,马克思先前的计划成了泡影。

---

①《马克思恩格斯全集》第 6 卷,人民出版社 1961 年版,第 619 页。

7月初，燕妮带着三个孩子赶到巴黎。可是，马克思一家人刚刚团聚，法国政府便把魔爪伸向了马克思，勒令他离开巴黎到西北部的摩尔比安沼泽地去。这无异于一种"变相谋杀"，因为那里热病流行，去了就等于送死。在马克思的强烈抗议下，法国当局8月23日再次发出驱逐令，限他24小时内离开巴黎。当时马克思一家刚到巴黎不久，无法凑足路费和安家的费用。无奈，马克思只好把即将分娩的妻子和孩子暂时留在巴黎。

1849年8月24日，马克思怀着依依不舍的心情离开巴黎，登上了一艘开往伦敦的轮船。这是继1845年他被逐出巴黎后，再一次从巴黎被逐。

此时，欧洲各国革命已相继失败。作为革命家和理论家的马克思和恩格斯到了伦敦之后，一方面积极参加革命活动，另一方面对革命的经验和教训进行了深刻的理论反思。他们的思想成果体现在这一阶段形成的《中央委员会告共产主义者同盟书》《1848年至1850年的法兰西阶级斗争》和《路易·波拿巴的雾月十八日》等一系列论著中。

1850年，马克思和恩格斯参与了改组共产主义者同盟的工作。他们于3月和6月先后两次写作了《中央委员会告共产主义者同盟书》。

在告同盟书中，马克思和恩格斯主要阐述了无产阶级建立独立政党的必要性，对不断革命的思想作了详尽的阐述。他们认为，无产阶级为了要达到自己的最后胜利，在同小资产阶级民主派联合反对共同的敌人时，必须努力在思想上和组织上与他们划清界限。小资产阶级民主派只想进行某些改革，不愿把革命进行到底，而无产阶级的任务是："要不间断地进行革命，直到把一切大大小小的有产阶级的统治都消灭掉，直到无产阶级夺得国家政权。"[1]无产阶级的"战斗口号应该是：'不断革命'"[2]。这是在总结1848年革命经验的基础上，对《共产党宣言》中提出的不断革命的思想的深化。

马克思和恩格斯还认为，工人在革命中应该武装和组织起来，必须

---

① 《马克思恩格斯选集》第1卷，人民出版社1972年版，第385页。
② 《马克思恩格斯选集》第1卷，人民出版社1972年版，第392页。

立刻使整个无产阶级用步枪、马枪、火炮和弹药武装起来。工人应该设法组成由他们自己选出的指挥官和总参谋部来指挥的独立的无产阶级近卫军，不要听从国家政权机关的调动，而要听从由工人所建立的革命的市议会调动。他们无论如何都不应把武器和弹药交出去；对于任何一种解除工人武装的企图在必要的时候都应该予以武装回击。马克思和恩格斯提醒无产阶级及共产主义者同盟，在即将爆发的起义中和起义后都应注意这个主要问题。

在《1848年至1850年的法兰西阶级斗争》中，马克思阐述了革命是社会进步的强大推动力的思想。马克思认为，革命可以使人民发挥巨大的创造力，可以极大地推进历史的进程。因此，"革命是历史的火车头"①。

马克思深刻地分析了资产阶级在革命中如何向自己过去的盟友无产阶级下毒手的过程，指出，资产阶级已抛弃了反封建的革命传统，成为阻碍革命进程的反动势力。在资产阶级背叛革命之后，只有无产阶级才是革命运动和历史进步的主要力量。马克思高度评价了巴黎工人六月起义的重要历史意义，认为这是现代社会中两大对立阶级间的第一次伟大战斗，是为保存或消灭资产阶级制度而进行的战斗。这次起义虽然失败了，但是它使无产阶级认识了这样一个真理：它要在资产阶级共和国范围内稍微改善一下自己的处境，那只是一种空想。因此，无产阶级的战斗口号是："推翻资产阶级！工人阶级专政！"②这是用血的教训换来的革命真理。

在这部著作中，马克思还论证了无产阶级在革命中的同盟军问题。早在《共产党宣言》中，马克思和恩格斯就已经认识到农民和小资产者已处在不断分化并行将转入无产阶级队伍的过渡阶段。在《1848年至1850年的法兰西阶级斗争》一书中，马克思则进一步提出了无产阶级必须把劳动者中的非无产阶级阶层吸引到自己方面来，建立广泛的统一

①《马克思恩格斯选集》第1卷，人民出版社1972年版，第474页。
②《马克思恩格斯选集》第1卷，人民出版社1972年版，第417页。

战线，结成牢固的同盟军的思想。只有这样，才能夺取革命的胜利。

马克思批判了空想的社会主义体系，在此基础上，他更加明确地提出了科学的社会主义，并且指出："这种社会主义就是宣布不断革命，就是无产阶级的阶级专政，这种专政是达到消灭一切阶级差别，达到消灭这些差别所由产生的一切生产关系，达到消灭和这些生产关系相适应的一切社会关系，达到改变由这些社会关系产生出来的一切观念的必然的过渡阶段。"[①]这是马克思第一次在自己已出版的著作中使用"无产阶级专政"一词，它极大地丰富和深化了科学社会主义的基本理论。

《路易·波拿巴的雾月十八日》一书，是马克思带病用3个月的时间写完的。当时，与这部著作差不多同时出现的、论述同一问题的还有两部著作，一部是维克多·雨果的《小拿破仑》，还有一部是蒲鲁东的《从十二月二日政变看社会革命》，但这两部著作却没有也无法达到《路易·波拿巴的雾月十八日》的深度和高度。对于这一点，马克思本人作了如下的评价："维克多·雨果只是对政变的负责发动人作了一些尖刻的和俏皮的攻击。事变本身在他笔下却被描绘成了晴天的霹雳。他认为这个事变只是一个人的暴力行为。他没有觉察到，当他说这个人表现了世界历史上空前强大的个人主动作用时，他就不是把这个人写成小人而是写成伟人了。蒲鲁东呢，他想把政变描述成以往历史发展的结果。但是，他对这次政变所作的历史的说明，却不知不觉地变成了对政变主人公所作的历史的辩护。这样，他就陷入了我们的那些所谓客观历史家所犯的错误。"[②]

马克思之所以能够入木三分地揭露波拿巴政变的本质，正是因为他掌握了解释法国事件的钥匙，这就是他创立的历史唯物主义理论。

马克思在他的书中，以辛辣的讽刺笔调，对路易·波拿巴所导演的闹剧进行了无情的鞭挞。他在总结1848—1849年革命经验的过程中，透彻地分析了法国官僚国家机器的演变过程及变革的实质，提出了关于

---

①《马克思恩格斯选集》第1卷，人民出版社1972年版，第479—480页。
②《马克思恩格斯选集》第1卷，人民出版社1972年版，第599页。

马克思的故事

无产阶级革命同资产阶级国家的关系的原理，第一次得出了胜利的无产阶级必须打破旧的国家机器的结论。

他以法国为例，说明在资产阶级共和国的范围内，不可能消除工人阶级受剥削的现象。他认为，资产阶级的国家权力是在君主专制时代，封建制度崩溃时期产生的，过去的一切变革都是使这个国家机器更加完备而不是摧毁。无产阶级在革命胜利以后，不应该简单地从旧统治者手中接过反动的、资产阶级的国家机器及其一切军事的、官僚主义的、为压迫人民群众而建立的机构，而是必须集中自己的一切破坏力量来反对这个权力。

后来，列宁在为写作《国家与革命》一书研究马克思的上述论述时，在"集中一切破坏力量来反对这个权力"和"一切变革都是使这个机器更加完备，而不是把它摧毁"两句下加了着重号。列宁正是从中引申出了"无产阶级必须彻底打碎一切旧国家机器"的著名结论。他认为，马克思在这一段精彩的论述里比在《共产党宣言》中向前迈进了一大步。

在这部著作中，马克思还对农民问题予以特别关注。他指出，波拿巴代表一个阶级，而且是代表法国社会中人数最多的一个阶级——小农。马克思对小农的状况进行了详细分析，指出了农民所具有的革命和保守的双重性。他们不能代表自己，一定要别人来代表他们。但波拿巴王朝所代表的不是革命的农民，而是保守的农民。根据农民的特点，马克思对以无产阶级为领导的工农联盟问题作了更全面的论证。他指出，农民的利益已不像拿破仑统治时期那样和资产阶级的利益相协调，而是和它们不可调和地相对立了。因此，农民就把负有推翻资产阶级制度使命的无产阶级看做自己的天然同盟者和领导者。无产阶级革命要合唱，如果独唱的话，难免会变成孤鸿哀鸣。

马克思每天都在紧张地写作，他的三个逐渐长大的孩子可不管他忙不忙，他们时常来找他玩耍。他们坐在马克思身后的椅子上，把马克思当做拉车的马，不停地用鞭子赶着他往前拉车。小爱琳娜甚至骑在马克思的肩上，驱赶着他来回奔跑。马克思是个慈祥、温和的父亲，他爱孩子们，孩子们也爱他。由于他的脸色黑，头发和胡子都黑，孩子们特地送给他一个绰号——"摩尔"。家里人都这样叫他，后来恩格斯等人也这样称呼他了。和孩子们嬉戏对马克思来说，是最大的放松和休息。

正是在写作《路易·波拿巴的雾月十八日》的过程中，马克思关于阶级和阶级斗争的学说得到了进一步的深化。这一点从他写给创办《革命》周刊的魏德迈的信中可以清楚地看到。1852 年 3 月 5 日，马克思在给魏德迈的信中写下了众所周知的至理名言："至于讲到我，无论是发现现代社会中有阶级存在或发现各阶级间的斗争，都不是我的功劳。在我以前很久，资产阶级的历史学家就已叙述过阶级斗争的历史发展，资产阶级的经济学家也已对各个阶级作过经济上的分析。我的新贡献就是证明了下列几点：（1）阶级的存在仅仅同生产发展的一定历史阶段相联系；（2）阶级斗争必然要导致无产阶级专政；（3）这个专政不过是达到消灭一切阶级和进入无阶级社会的过渡……"①

马克思的这部著作被恩格斯称为"天才的著作"。它的内容深刻，语言犀利。德国革命家威廉·李卜克内西也评价说："《路易·波拿巴的雾月十八日》的语言就是箭和投枪，它的风格就是烙印与格杀。如果憎恨、轻蔑、对自由的热爱曾经在什么地方用燃烧、破坏和激昂的语句表达过，那就是在《路易·波拿巴的雾月十八日》这本书里。"②

马克思通过总结 1848 年革命的经验教训，不仅为未来的革命提供了借鉴，而且极大地丰富了历史唯物主义和科学社会主义理论。

鉴于 1848 年革命后反动势力日益猖獗，根据马克思的提议，共产主义者同盟伦敦区部会议于 1852 年 11 月 17 日通过了解散同盟地方组织的决议。就这样，共产主义者同盟作为历史上第一个无产阶级的政治组织，光荣地完成了它的历史使命。

①《马克思恩格斯选集》第 4 卷，人民出版社 1972 年版，第 332—333 页。
②［法］保尔·拉法格等：《回忆马克思恩格斯》，人民出版社 1973 年版，第 43 页。

流亡生涯的最后一站

大不列颠博物馆的足迹

伦敦，是世界上最繁华的都市之一，是资本主义世界文明的中心，更重要的是，它有根据英国1753年颁布的法案建立起来的、世界上最大的图书馆之一的英国大不列颠博物馆。

马克思的研究课题正是资本主义社会的运动过程及其规律，伦敦对于考察资本主义社会不能不说是一个方便的地点，而大不列颠博物馆所珍藏的丰富的图书文献，更是其他任何地方所不能比拟的。马克思选择伦敦作为他新的落脚点，也有这些方面的考虑。

1848年至1849年发生的欧洲革命，使马克思的经济学研究被迫中断。1850年春，侨居伦敦不久的马克思又回到书斋里，开始了对经济学的研究。在此之前，他在研究政治经济学方面已经取得了阶段性的成果。先是在《1844年经济学哲学手稿》中，然后是在1847年所写的《哲学的贫困》中，继而又在同年12月为工人所作的《雇佣劳动与资本》的演讲中，都表明马克思的研究已取得了突破性的进展。

来到伦敦后，马克思便取得了很不容易得到的大不列颠博物馆阅览室的阅览证，从此，他便成为那里最忠实的读者。

有许多年，马克思都是白天在阅览室里读书写作，夜里在家里工作。工作最紧张的时候，他经常每天早9时就来到阅览室，直到晚上7时才离去。他刻苦钻研的勤奋精神给阅览室的管理员留下了深刻的印象。

一天早上，有位读者拿着书来到马克思常坐的座位，坐下来阅读。

这时，阅览室的管理员走过来礼貌地劝他离开那个座位，并告诉他，那是马克思博士的座位，他马上就会来的。桌上摆放的英国政府关于工厂工作的年报就是马克思每天来研究用的。这位在阅览室里工作了 20 年的管理员还向这位读者介绍说，几年来，马克思博士每天都在这里工作 10 个小时，是他 20 年间在阅览室里所见到的最勤劳和最准时的读者。

由于马克思长年累月地坐在大不列颠博物馆阅览室 D 行的第二号座位读书，而且在读书时常常不自觉地用脚在地上蹭来蹭去，以致把他座位下面的水泥地磨去一层，永远地留下了他的"足迹"。这"足迹"至今还珍藏在世人的心里。

在此期间，为了研究经济学，马克思阅读了"多得要命"的文献，作了许多摘录。仅从 1850 年春到 1853 年 8 月间，马克思所作的经济学研究方面摘录的笔记就有 24 本之多。这些笔记本记录了他博览以往经济学家的著作以及官方文件和期刊时的思维轨迹。从这些笔记本上所作的摘录中可以看到，马克思从经济学的理论、国民经济学的历史、当时发生的经济现象等各方面，对经济学进行了全面的深刻的研究。马克思的研究还延伸到其他相关领域。为了研究地租，他进行了对农艺学特别是农业化学的研究。为了研究资本主义生产的工艺情况，他考证了几百年间各种类型生产中采用数学、物理学和其他科学的情形。马克思还重读了他过去读过的大卫·李嘉图的《政治经济学和赋税原理》等著作。

在英国流亡的生活是非常困苦的。马克思除了拿出一部分时间进行理论研究以外，还要挣钱养家糊口。他不得不把一些精力放在为《新奥德报》撰写有关英法局势和克里木战争的文章上，放在与恩格斯一道为《纽约每日论坛报》撰写关于英国侵略中国的一组文章，以及与恩格斯一起为《美国新百科全书》撰写军事条目上。在为《纽约每日论坛报》所撰写的文章中，他对发生在 1857 年的资本主义社会的经济危机进行了评论，深刻地剖析了危机产生的原因和特点。对 1857 年经济危机的密切关注和对它将会引起的政治后果的预测，使马克思增强了迅速完成自己的政治经济学理论研究的紧迫感。他写信告诉恩格斯："我现在发狂似地通宵总结我的经济学研究，为的是在洪水之前至少把一些基本问题搞清楚。"①他在这里所说的"洪水",是对可能引发的革命的代称。

1857年7月至1858年5月,马克思写出了长达50个印张的篇幅巨大的经济学手稿。在这部手稿中,马克思第一次比较系统地阐述了马克思主义的劳动价值论,从而为剩余价值理论的创立提供了科学的理论前提。《1857—1858年经济学手稿》的主要内容包容在写满7个笔记本的《货币章》和《资本章》两个章节中。

在《货币章》中,马克思研究了价值和货币的一般理论,批判了蒲鲁东主义者达里蒙的货币理论,指出他们的根本错误在于不了解生产关系、分配关系和流通关系之间的内在联系。同时,马克思阐述了一系列关于劳动价值论的基本论点。

在《资本章》中,马克思首次明确提出了剩余价值的一般概念,将剩余价值本身与其具体表现形式严格地区分开来,从而完成了对资产阶级利润学说的批判,科学地创立了马克思主义的剩余价值理论。

马克思还深入探讨了资本各个组成部分在剩余价值生产中的不同作用。根据对资本不同部分在价值过程中的不同作用,马克思第一次将资本划分为不变资本(生产资料的价值)和可变资本(劳动力的价值),并由此而明确了利润在生产过程中不是由整个资本产生的,而只是由用于工资的那部分资本产生的。这就克服了资产阶级古典经济学在研究剩余价值时,通常只从利润、地租等特殊形式来考察价值,而没有考察剩余价值本身及其起源问题的缺陷。从《1857—1858年经济学手稿》所研究的问题的内容和所达到的理论高度上看,应当说,它是《政治经济学批判》和《资本论》两部著作的草稿。

马克思在《1857—1858年经济学手稿》的开头部分,即《导言》中,对自己的经济学原理进行了概括,而且更加完整地表述了政治经济学的研究对象和方法,这些具有非常重要的科学价值和理论意义。

当《1857—1858年经济学手稿》尚未全部完成之时,马克思便开始为这部手稿的付印做准备。他在手稿的基础上艰苦写作了三个半月,

---

① 《马克思恩格斯全集》第29卷,人民出版社1972年版,第219页。

终于完成了《政治经济学批判》一书的初稿，并打算分6册出版。1859年1月，这部书第一分册的手稿寄给了出版商，同年6月面世。《政治经济学批判》第一分册的出版，标志着马克思主义政治经济学创立中的一个重要阶段。

《政治经济学批判》第一分册除了序言，包括《商品》和《货币或简单流通》两章。

在《商品》一章中，马克思阐述了作为使用价值和交换价值相统一的商品的二重性以及作为具体劳动和抽象劳动相统一的劳动的二重性的学说，这是在马克思之前的那些经济学家，包括李嘉图在内都没能提出来的。他们虽然已经把使用价值和价值区别开来，却没有说清它们之间的真正关系；虽然揭示了劳动是价值的源泉，却没有弄清创造价值的劳动的特点；虽然可以用体现在商品中的劳动时间来确定价值量，却没有从质的方面指出表现在使用价值和价值中的劳动形式的特殊性。只有马克思首先做到了这一点。

在《货币或简单流通》一章中，马克思对货币和货币流通理论进行了内容丰富而系统的论述，确定了货币的必要流通量的规律以及货币流通的其他一些基本规律。

《政治经济学批判》第一分册第一次叙述了马克思主义的价值理论，可以说它是马克思经济学说的基础。同时，这部著作的序言，也有着巨大的理论意义和独立的科学价值。在序言中，马克思对他所发现的唯物主义历史观作了全面而完整的表述。这是他从研究经济学中得出来的，而且一经得出就用以指导经济学研究的理论。

马克思说：

> 我所得到的、并且一经得到就用于指导我的研究工作的总的结果，可以简要地表述如下：人们在自己生活的社会生产中发生一定的、必然的、不以他们的意志为转移的关系，即同他们的物质生产力的一定发展阶段相适合的生产关系。这些生产关系的总和构成社会的经济结构，即有法律的和政治的上层建筑竖立其上并有一定

的社会意识形式与之相适应的现实基础。物质生活的生产方式制约着整个社会生活、政治生活和精神生活的过程。不是人们的意识决定人们的存在，相反，是人们的社会存在决定人们的意识。社会的物质生产力发展到一定阶段，便同它们一直在其中活动的现存生产关系或财产关系（这只是生产关系的法律用语）发生矛盾。于是这些关系便由生产力的发展形式变成生产力的桎梏。那时社会革命的时代就到来了。随着经济基础的变更，全部庞大的上层建筑也或慢或快地发生变革。在考察这些变革时，必须时刻把下面两者区别开来：一种是生产的经济条件方面所发生的物质的、可以用自然科学的精确性指明的变革，一种是人们借以意识到这个冲突并力求把它克服的那些法律的、政治的、宗教的、艺术的或哲学的，简言之，意识形态的形式。我们判断一个人不能以他对自己的看法为根据，同样，我们判断这样一个变革时代也不能以它的意识为根据；相反，这个意识必须从物质生活的矛盾中，从社会生产力和生产关系之间的现存冲突中去解释。无论哪一个社会形态，在它们所能容纳的全部生产力发挥出来以前，是决不会灭亡的；而新的更高的生产关系，在它存在的物质条件在旧社会的胎胞里成熟以前，是决不会出现的……资产阶级的生产关系是社会生产过程的最后一个对抗形式，这里所说的对抗，不是指个人的对抗，而是指从个人的社会生活条件中生长出来的对抗；但是，在资产阶级社会的胎胞里发展的生产力，同时又创造着解决这种对抗的物质条件。因此，人类社会的史前时期就以这种社会形态而告终。[①]

马克思的这一经典表述，为我们研究全部生活和全部历史，提供了科学的世界观和方法论的指导。

马克思在研究经济学的过程中，除了去博物馆查找资料和进行写作外，还经常在家里工作。如果白天不受干扰，他往往在八九点钟起床

①《马克思恩格斯全集》第 13 卷，人民出版社 1962 年版，第 8—9 页。

后，喝过咖啡，读过报纸，便进入书房一直工作到深夜两三点钟，只在用餐和午间有短暂的休息。他工作起来常常废寝忘食，就餐时往往也要被人呼唤多遍。如果白天受到干扰，他便在夜里工作，有时还要干上一个通宵，以弥补白天没有进行研究的缺憾，为此，燕妮曾不止一次地责备他。

马克思抓紧一切时间进行研究，甚至在外出散步时也在思考问题，还不时地往特意带在身边的本本上记下思想的"火花"。马克思在书房写作时也时常离开写字台，边漫步边思考问题。由于他在室内来回走动，以致在门与窗之间的地毯上踏出了一条痕迹，就像穿过草地的一条小路一样。据朋友们回忆，马克思经常说："我们在为争取八小时工作制而斗争，可是我们自己的工作时间却往往两倍于此……"①

马克思尽管很忙，却把星期天留给了孩子们。他和燕妮一起带孩子们去郊外散步、野餐。马克思和孩子们一起做游戏，给孩子们讲那些美妙动人的故事。像每一位父亲一样，他希望孩子们健康、快乐地成长。

学问是这样做成的

马克思治学非常严谨，对自己著作的质量极负责任。他不仅从不引证一件他还未十分确信的事实，而且在他未彻底研究好一个问题时他决不谈论这个问题。他决不出版一本没有经过他仔细加工和认真琢磨过的作品。他不能忍受把未完成的东西公之于大众的这种思想。要把他没有做最后校正的手稿拿给别人看，对他来说是最痛苦的事情。他说，他宁愿把自己的手稿烧掉，也不愿半生不熟地遗留于身后。

在写作《政治经济学批判》第一分册手稿期间，马克思从一本经济学方面的杂志上获悉，一位名叫詹·麦克拉伦的资产阶级经济学家新近出版了一部名为《通货简史》的著作。马克思认为："……我的理论良心不允许我不读这本书就写下去。"②直到看到这本书他才放下心来。

《政治经济学批判》第一分册脱稿后，马克思迟迟没有寄出去。

---

① ［法］保尔·拉法格等：《回忆马克思恩格斯》，人民出版社1973年版，第121页。
② 《马克思恩格斯全集》第29卷，人民出版社1972年版，第316页。

马克思的故事

1858 年 11 月 12 日他在给拉萨尔的信中，谈到了他写作推延的原因。他说：

> 至于手稿寄迟一事，起初是病耽搁了，后来我为了稿酬必须赶写其他著作。但是，主要的原因是：材料我已经搞好了；所差的只是给它一个形式。然而，在我所写的一切东西中，我从文体上感觉出了肝病的影响。而我有双重理由不允许这部著作由于医疗上的原因而受到损害：
>
> 1. 它是十五年的、即我一生的黄金时代的研究成果。
>
> 2. 这部著作第一次科学地表述了对社会关系具有重大意义的观点。因此，我必须对党负责，不让这东西受肝病期间出现的那种低沉的呆板的笔调所损害。[①]

这表明了他刻意追求自己著作的完美的认真负责态度。

在《政治经济学批判》第一分册付印后，马克思按原计划立即开始第二分册的出版准备工作。马克思再次长时间地到大不列颠博物馆的阅览室中查阅资料。他又一次阅读了恩格斯的《英国工人阶级状况》和 1855 年至 1859 年英国工厂视察员的报告。1863 年 7 月，他完成了《1861—1863 年经济学手稿》的写作。这部手稿篇幅巨大，约有 200 个印张，写在 23 个笔记本上。这部手稿对资本生产总的问题中最重要的问题作了详细的阐述，从而反映出未来《资本论》第 1 卷的概貌。此外，手稿中还阐述了属于未来《资本论》第 2 卷、第 3 卷的一些题目。在对这部手稿进行付印前的誊清和润色的过程中，马克思又深入研究了技术史和生产工艺史、工业革命的性质和特点及其对工人阶级状况和斗争的影响，进而对手稿的内容进行认真推敲。

1866 年，马克思再一次请恩格斯为他尽快找到罗杰斯的《英国的农业史和价格史》，他说："我必须把这本书读一遍，我并且专门为此在

[①]《马克思恩格斯全集》第 29 卷，人民出版社 1972 年版，第 545—546 页。

一章中留出了空位。这本书虽然已出版很久了，但是图书馆里到现在还没有。"①马克思在进行研究的过程中，从来不放过一本对于他的研究有价值的书，也从来不放过一份他认为非常有必要的资料，否则，他就会感到坐立不安。

与此同时，他也经常写信向恩格斯请教一些问题。马克思写到关于机器的一节时，遇到了困难，给恩格斯写信说："我始终不明白，走锭精纺机怎样改变了纺纱过程……纺纱工人的动力职能表现在哪里？如果你能给我说明这一点，我就十分高兴。"②当研究到有关固定资本在现实中的周转情况时，马克思感到自己的感性认识太少，于是他在信中向恩格斯询问道："你作为一个厂主一定会知道，在必须以实物的形式去补偿固定资本以前，你们是怎样处理那些为补偿固定资本而流回的货币的。你一定要回答我这个问题（不谈理论，纯粹谈实际）。"③每到这种时候，恩格斯总是根据自己的实践，并结合其他厂主的实践，给马克思以满意的回答。

为了写作《资本论》第1卷中关于英国劳工法的20多页文章，马克思曾将整个大不列颠博物馆阅览室里载有英国与苏格兰调查委员会和工厂视察员报告的蓝皮书都从头到尾地研究过。而英国的议员们却只是把这些蓝皮书当做测量手枪威力时用来射击的靶子。为了写作《资本论》第2卷中有关"生产时间"的10页内容，他引用了5个国家10多个方面的技术资料。

据统计，马克思为写作《资本论》，读过和作过笔记、摘录的书有1500多种，写下的手稿、札记有100多本。马克思的研究工作绝非闭门造车，他十分重视理论与实践的紧密结合，密切关注资本主义社会的发展动态。正如他自己所说："……随着加利福尼亚和澳大利亚金矿的发现，资产阶级社会似乎踏进了新的发展阶段，这一切决定我再从头开

①《马克思恩格斯全集》第31卷，人民出版社1972年版，第271页。
②中共中央马克思恩格斯列宁斯大林著作编译局编：《马克思恩格斯〈资本论〉书信集》，人民出版社1976年版，第172页。
③《马克思恩格斯全集》第31卷，人民出版社1972年版，第332页。

始，用批判的精神来透彻地研究新的材料。这些研究一部分自然要涉及到似乎完全属于本题之外的学科，在这方面不得不多少费些时间。"①

马克思在进行理论研究

为了深入研究各国的土地关系和资本主义经济学中的新现象，他在1868年写信给德国和美国工人运动活动家齐·迈耶尔，请他经常寄一些美国报纸。

为了研究俄国恩·弗列罗夫斯基的《俄国工人阶级的状况》一书，1869年底，年过半百的马克思开始学习俄文。他十分努力。他在写给迈耶尔的信中说："成绩是要付出努力才取得的，像我这样年纪的人，为了学会一种与古典语、日耳曼语和罗曼语截然不同的语言，是要下一番功夫的。"②掌握俄语后，马克思展开了对俄国土地关系和社会政治发展情况的系统研究。他的俄国朋友丹尼尔逊等人在十多年间，从彼得堡将整箱的俄文书寄往伦敦，马克思读后再寄回彼得堡。

1876年马克思向左尔格询问，可否从纽约弄到美国的书目，以便了解1873年后美国在农业和土地所有制以及信贷和财政金融方面的出版情况。

---

① 《马克思恩格斯选集》第2卷，人民出版社1972年版，第84页。
② 《马克思恩格斯全集》第33卷，人民出版社1973年版，第178页。

恩格斯在谈到马克思那极其严谨的科学态度时说："这种极其严肃认真的态度，使他在自己对自己的结论在形式和内容上尚未满意之前，在自己尚未确信已经没有一本书他未曾读过，没有一个反对意见未被他考虑过，每一个问题他都完全解释清楚之前，决不以系统的形式发表自己的结论。"①

《资本论》这部巨著，马克思一改再改，不断地加工、润色。即便这样，他也没有急于把三卷全部拿去付印。他只在1867年出版了第1卷。此后，他继续注意研究资本主义社会各种经济现象的发展过程，特别是1873年爆发的经济危机等，用以检验自己的理论。他在一封信中告诉朋友，在英国目前的工业危机还没有达到顶峰之前，决不出版第2卷。

后来，当恩格斯整理《资本论》的第2卷和第3卷时，不免惊叹马克思有这么巨大的发现，却将其在身边搁置20年之久。恩格斯异常钦佩地说："马克思在公布他的经济学方面的伟大发现以前，是以多么无比认真的态度，以多么严格的自我批评精神，力求使这些伟大发现达到最完善的程度。"②

马克思自己也说："我不能下决心在一个完整的东西还没有摆在我面前时，就送出任何一部分。不论我的著作有什么缺点，它们却有一个长处，即它们是一个艺术的整体；但是要达到这一点，只有用我的方法，在它们没有完整地摆在我面前时，不拿去付印。"③这就是马克思始终如一的追求。

雾都最寒冷的日子

马克思是在长期没有固定收入的情况下，从事艰苦的科学理论研究的。因而，他和他的家人长期忍受着贫困生活的煎熬。今天的人们很难想象，当年这位无产阶级的革命导师在为工人阶级探寻通向理想社会道

---

① 《马克思恩格斯全集》第16卷，人民出版社1964年版，第412—413页。
② 《马克思恩格斯全集》第24卷，人民出版社1972年版，第4页。
③ 《马克思恩格斯全集》第31卷，人民出版社1972年版，第135页。

路的过程中，度过的是一段多么艰难的岁月。

多次被反动政府驱逐，使马克思一家始终过着颠沛流离、动荡不安的生活。早在流亡布鲁塞尔时，马克思一家便不得不靠借债和典当度日，而且经常由于付不起房租而搬家。在被驱逐出布鲁塞尔时，由于时间十分紧迫，他们甚至来不及带上家里值钱的衣物。移居法兰克福期间，为了度日，他们不得不再次典当一些家用银器。

1849年秋，侨居伦敦之初，马克思一家5口挤住在切尔西区的安德森街4号的一个小套间里。不久，马克思的第四个孩子——儿子亨利希·格维多出生。由于这里是伦敦的上等住宅区，每月的房租为6英镑，这在当时是相当高的。很快，他们就欠了债，于是在安德森街4号居住了7个多月后，他们在1850年4月被迫迁居了。燕妮在给朋友的一封信中痛苦地记述了当时的悲惨境况："由于我们手头没有钱……于是来了两个法警，将我不多的全部家当——床铺衣物等——甚至连我那可怜的孩子的摇篮以及眼泪汪汪地站在旁边的女孩们的比较好的玩具都查封了。他们威胁说两个钟头以后要把全部家当拿走。那时忍受着乳房疼痛的我就只有同冻得发抖的孩子们睡光地板了。"[1]

在听说马克思家被法警查封了财产后，马克思家的其他债主纷纷跑上门来逼债。在一个朋友的帮助下，他们才首先付清了房租，然后，卖掉了所有的床，用以偿付药房、面包铺、肉铺、牛奶铺的欠款。更有甚者，正当马克思一家遭受债主逼债而被迫迁居之时，竟有两三百个看热闹的人在门前围观。实在无奈，马克思一家6口只好迁到莱斯特广场莱斯特街1号的德国旅馆的两间小屋中暂居。然而，他们要为此付出每周5个半英镑的高昂代价。不久，他们又付不起房租了，终于，店主在一天早上不再给马克思一家开早饭，他们只好另外去找房子。

1850年5月8日，马克思一家在索荷区第恩街64号，也就是离德国旅馆不远的一个犹太花边商家里找到了两间小房，安顿下他们在伦敦的第二个家。他们在这里一直住到年底，以后又搬到第恩街28号楼顶

---

[1]《马克思恩格斯全集》第27卷，人民出版社1972年版，第631页。

上的两间房里。那两间房临街的一间兼做客房，后边的一间是全家人的卧室。马克思和家人在这里住了 6 年。

至今，在这幢房子上还留有大伦敦市政会钉上的伦敦唯一一个马克思故居的纪念牌。马克思的第五个孩子弗兰契斯卡就是在这里出生的。

马克思一边同贫穷作斗争，一边顽强地进行科学理论的研究。然而贫困的生活始终在干扰着他的工作。无钱订报，无钱买药，无钱购买他认为从事研究工作所必须阅读的价值仅 9 先令 6 便士的书籍。

最难堪的一些日子里，马克思由于自己唯一的一套礼服躺在当铺里而无法上街。有一年马克思竟然在一年里两次当掉他的大衣。有时，由于家里凡是值钱的东西包括燕妮的披肩都送进了当铺，全家人都穿得破烂不堪。有时，家里甚至一连 10 天都没有一文钱。被逼无奈，马克思曾多次想方设法躲债。有时，债主上门，他只好藏在家里，由燕妮出面谎称他正在外面筹款。还有一次，为躲避家庭医生讨债，全家人只好跑到一个朋友家里躲了 10 个星期。

贫穷，有时使得马克思连邮寄自己手稿的钱都没有。当《政治经济学批判》第一分册脱稿后，由于付不起由伦敦寄往柏林的手稿的邮资，马克思只好等待恩格斯汇款，才把手稿寄出付印。马克思在痛苦之余，写下了这段看似幽默，实则使人顿感悲凉的话："倒霉的手稿写完了，但不能寄走，因为身边一分钱也没有，付不起邮资和保险金……未必有人会在这样缺货币的情况下来写关于'货币'的文章！写这个问题的大多数作者都同自己研究的对象有最好的关系。"[1]

贫穷，夺去了马克思许多宝贵的研究时间，因为他不得不为四处筹款等生活琐事而奔波。对于这一点，他十分烦恼，他无奈地写道："我在泥沼中已经挣扎了八个星期，而且，由于一大堆家务琐事毁灭了我的才智，破坏了我的工作能力，使我极端愤怒；像这样的泥沼，甚至是我最凶恶的敌人，我也不希望他在其中跋涉。"[2]

[1]《马克思恩格斯全集》第 29 卷，人民出版社 1972 年版，第 370—371 页。
[2]《马克思恩格斯全集》第 29 卷，人民出版社 1972 年版，第 330 页。

马克思的故事

马克思和燕妮一共生了 7 个孩子。贫穷和疾病，毫不留情地夺走了马克思最珍爱的 7 个孩子中的 4 个。有 3 个孩子死于第恩街。儿子亨利希·格维多 1850 年 11 月 19 日死于肺炎，仅仅活了一周岁。女儿弗兰契斯卡死于 1852 年 4 月 14 日，也仅仅活了一周岁多一点。这时正是马克思一家生活最窘迫的时期之一，家里穷得甚至无钱埋葬弗兰契斯卡。燕妮向一位德国流亡者求助了两英镑才付清了小棺材钱和埋葬费。

1855 年 4 月 6 日，马克思 8 岁的儿子埃德加尔因患严重的胃病不治身亡。这使马克思夫妇遭受到最沉重的打击。这个孩子聪明伶俐，长着一双漂亮的眼睛，曾使马克思的家庭充满生气，是家中的灵魂。马克思痛苦地写道："简直无法形容，我们怎能没有这个孩子。我已经遭受过各种不幸，但是只有现在我才懂得什么是真正的不幸。我感到自己完全支持不住了。"①

1857 年 7 月初，燕妮又生下一个孩子，但刚生下就夭折了。

为了谋生，为了使自己的科学研究工作能够持续下去，马克思只有靠为报纸撰稿来获取微薄的稿酬。马克思说："我所能够支配的时间特别受到限制的，是谋生的迫切需要。八年来，我一直为第一流英美报纸《纽约每日论坛报》撰稿（写作真正的报纸通讯在我只是例外），这使我的研究工作必然时时间断。"②

为报纸撰稿的收入是不稳定的。1857 年由于经济危机爆发，《纽约每日论坛报》编辑部解除了除马克思之外的全部通讯员。但每月采用马克思稿件的数量也由 8 篇降为 4 篇，使马克思减少了一半稿酬的收入。这样的情况，在 1861 年初重演。

当《资本论》第一卷出版时，马克思本想用这部著作的稿酬来还清债务、摆脱生活的窘迫，可是，稿酬少得可怜。马克思曾开玩笑地说，《资本论》的稿酬甚至不够偿付他写作时所吸的雪茄烟钱。然而，他为写作《资本论》辛劳了 40 年。威廉·李卜克内西感慨地说："德国一个

---

① 《马克思恩格斯全集》第 28 卷，人民出版社 1973 年版，第 442 页。
② 《马克思恩格斯选集》第 2 卷，人民出版社 1972 年版，第 84—85 页。

工资最低的零工，在40年中所得的工资也比马克思为本世纪最大的科学创造所得的稿酬要多。"①

每当马克思陷入生活困境，恩格斯总是向他伸出无私的援助之手。这种援助几十年如一日地伴随着马克思。

早在1845年3月，恩格斯就对他父亲宣布，坚决拒绝"生意经"。1848年欧洲大革命失败后，他和马克思都流亡到伦敦。由于在革命时期，马克思把一家的积蓄和父亲的遗产都捐赠给了革命，因此到伦敦后，已是分文皆无。恩格斯不忍看到马克思为生活所累，把精力和智慧消磨在为生计的奔忙之中，决心自己作出牺牲，去从事他最不愿意从事的经商活动，为马克思提供必要的经济援助。恰好此时恩格斯的妹妹受父母之托，来信劝哥哥重操旧业，到曼彻斯特的"欧门—恩格斯"公司营业所任职。于是，恩格斯于1850年11月毅然离开了马克思，前往曼彻斯特。没想到，他在那儿生活了20年。

恩格斯从移居曼彻斯特那天起，就开始资助马克思，从未间断过。他通过汇票，1英镑、5英镑、10英镑，甚至上百英镑地寄往住在伦敦的马克思，一次又一次把马克思一家从经济困境中解救出来。恩格斯讨厌经商，然而为了资助马克思，他决定永远忍受他所憎恶的桎梏，这"不仅是为了帮助自己的朋友，而且也是为了保存党的最优秀的思想家。只是根据这一点恩格斯才作出自己的牺牲，而马克思才接受他的牺牲。作出这样的牺牲和接受这样的牺牲，都同样需要崇高的精神"②。

而当恩格斯开始作出这样的牺牲的时候，他在曼彻斯特仅是一个普通职员，经济状况也并不十分好，只是在许多年后才成为公司的合伙人。

马克思对恩格斯的无私援助和自我牺牲精神既深感不安，又由衷感激。他曾对恩格斯说："坦白地向你说，我的良心经常象被梦魇压着一样感到沉重，因为你的卓越才能主要是为了我才浪费在经商上面，才让它们荒废，而且还要分担我的一切琐碎的忧患。"③

---

① [法]保尔·拉法格等:《回忆马克思恩格斯》，人民出版社1973年版，第51页。
② [德]弗·梅林:《马克思传》，人民出版社1973年版，第304页。
③《马克思恩格斯全集》第31卷，人民出版社1972年版，第301页。

在《资本论》第 1 卷的书稿校阅工作完成后，马克思又给恩格斯写下了一封充满感激的信：

"我只有感谢你！没有你为我作的牺牲，我是决不可能完成这三卷书的巨大工作的。我满怀感激的心情拥抱你！"①

在坟墓的边缘徘徊

生活有时是那么残酷，贫穷和疾病往往相伴而生。潜心于经济学研究的马克思终因长期夜间工作、疲劳过度、生活条件恶劣而病魔缠身。

他先是患上了眼疾和风湿症，1853 年 3 月又染上了长期难以治愈的肝病。这种慢性肝病一直折磨了他许多年。长期患病给马克思带来的痛苦和对他的研究工作所造成的不利影响，使马克思十分苦恼。这一点在他及燕妮与朋友的通信中有过多次流露。在他患肝病 5 年后，身体已极度虚弱。1858 年 4 月 29 日，马克思在给恩格斯的信中写道："我的肝病还从来没有这样厉害地发作过，一度曾担心肝硬化。医生要我去旅行，但是，第一，经济情况不许可，第二，天天希望能够再坐下来工作。总是渴望着手工作而又不能做到，结果倒使得情况恶化了。不过一星期来已有好转，但还不能工作。要是坐上几个钟头，写写东西，过后就得躺好几天不能动。我焦急地盼望这种状况到下星期能够结束。这事来得太不是时候了。显然是我在冬季夜里工作过度所致。"②

贫困而动荡的生活也击倒了燕妮。1860 年 11 月的一天，燕妮在强打精神帮助丈夫抄完最后一页手稿后，再也坚持不住了。她患了天花，整夜失眠，脸上像火烧一样疼痛。身患重病的马克思只好停下自己的研究工作，冒着被传染的危险守护在她的身边。马克思极为细心亲切的护理，使燕妮战胜了病魔。可是 40 多天护理工作的辛劳和心理上所遭受的惊恐、忧虑和悲伤，再一次损害了马克思的健康。马克思的慢性肝病转成了急性，害得他整整卧床一个月。

①《马克思恩格斯全集》第 31 卷，人民出版社 1972 年版，第 329 页。
②《马克思恩格斯全集》第 29 卷，人民出版社 1972 年版，第 310 页。

马克思以异常顽强的精神和毅力同病魔作斗争，只要身体稍有好转就投入研究工作。1863年7月6日，燕妮在写给马尔克海姆的信中心疼地说："这个春天我亲爱的卡尔被肝病折磨得挺厉害；尽管受到了种种阻碍，但是他的书很快就会写完。"①

祸不单行。这一年年底，马克思又患了痈病，痈病持续几年地时常发作，长时间折磨着他。1866年初，正当马克思为《资本论》第1卷做付印前的最后准备工作时，他的痈病再次发作。在给朋友的一封信中，马克思详细地描述了他被疾病折磨所遭受的痛苦和他的顽强抗争：

> 这一次差一点送了命。家里人不知道这次的病是多么严重。如果这东西再以同样的形式重复三四次，那我就成了死人了。我非常消瘦，并且极度虚弱，虚弱的不是头部，而是腰部和腿部。医生们说得完全正确：此病复发的主要原因是过度的夜间工作。但是，我不能把迫使我这样过度工作的种种原因告诉那些先生们，而且那样做也毫无意义。现在我身上还长着各式各样的小疮，很痛，但已不再有什么危险了。

> 使我最不愉快的是，必须打断自1月1日即我肝痛消失时起已有出色进展的工作。"坐"自然谈不上，这在目前对我来说还很困难。白天哪怕只有短暂的时间，我也还是躺着继续苦干。真正理论部分我无法推进。脑力太差，对此不能胜任。因此我对《工作日》一节作了历史的扩展……②

这一次，马克思卧床两个多月，但是他白天哪怕只有短暂的时间，还是继续躺着苦干。痈病残酷地折磨着马克思。他在写给恩格斯的信中多次向他倾诉自己的病况。恩格斯十分关心马克思的病情，不止一次地写信劝说马克思注意休息，放弃夜间工作，过有规律的生活。恩格斯还

---

① ［苏］彼·费多谢耶夫等：《卡尔·马克思》，三联书店1980年版，第469页。
② 《马克思恩格斯全集》第31卷，人民出版社1972年版，第176—177页。

马克思的故事

在曼彻斯特为马克思找了一位擅长治疗痈病的医生，动员马克思到曼彻斯特来治疗。然而，为了不影响写作，马克思谢绝了恩格斯的建议，只希望能把药方和服用方法寄给他。

就这样，马克思继续带病顽强拼搏。他想尽快完成他的经济学巨著，给资本主义制度一个沉重的打击。

1867年4月，当《资本论》第1卷的书稿交给出版商后，马克思在给朋友的信中写道："我为什么不给您回信呢？因为我一直在坟墓的边缘徘徊。因此，我不得不利用我还能工作的每时每刻来完成我的著作，为了它，我已经牺牲了我的健康、幸福和家庭。我希望，这样解释就够了。我嘲笑那些所谓'实际的'人和他们的聪明。如果一个人愿意变成一头牛，那他当然可以不管人类的痛苦，而只顾自己身上的皮。但是，如果我没有全部完成我的这部书（至少是写成草稿）就死去的话，我的确会认为自己是不实际的。"[1]

1867年9月14日，《资本论》第1卷终于出版了。当胜利的时刻到来时，燕妮深有感触地说："恐怕没有一本书是在比这更困难的条件下写成的，我大概可以就此写一部秘史，它将揭示出很多、多到无限的暗自的操心、忧虑和苦恼。如果工人们知道，为了完成这部只是为了他们和保护他们的利益而写的著作，曾经不得不作出多大的牺牲，那末他们大概就会表现出更多的关心。"[2]

贫穷、疾病，都不能摧毁马克思钢铁般的意志。在任何情况下，他对自己的事业都始终充满必胜的信心。

---

[1]《马克思恩格斯全集》第31卷，人民出版社1972年版，第543—544页。
[2]《马克思恩格斯全集》第31卷，人民出版社1972年版，第598页。

第一国际的灵魂和首脑

"全世界无产者，联合起来！"

19世纪的50年代末和60年代初，随着西欧资本主义的发展，工人运动重新高涨起来。1862年，参加伦敦世界博览会的法国和德国的工人代表同英国工人建立起了密切的联系。当1863年发生了沙皇镇压波兰人民起义的血腥事件后，英法两国工人代表在伦敦联合举行集会，对波兰人民进行声援。会后，法国工人代表把英国工人建议加强各国工人阶级之间的联系，召开一个国际会议的信件带回了国内，引起巴黎工人的共鸣。一年后，巴黎派出工人代表团前往伦敦参加国际大会。

大会是由伦敦各工联的领导人同巴黎工人代表团及其他参加者共同筹备的。会议筹备阶段，筹委会派人专程去马克思家中请他赴会。这时的马克思在欧美各国无产阶级中已享有崇高的威望，是公认的工人运动的杰出理论家。当时，埋头写作《资本论》的马克思，为了排除干扰、集中精力写作自己的鸿篇巨制，已连续多年谢绝了各种邀请。然而，这一次他敏锐地感到，随着欧洲各国工人运动的再次壮大，他有可能实现自己的夙愿了。这个夙愿就是：创立一个包括欧美最先进国家的工人协会，这个协会无论是在工人自己眼中或是在资产阶级及各国政府眼中，都可以说是活生生地表明社会主义运动的国际性质，使无产阶级欢欣鼓舞，使无产阶级的敌人恐慌畏惧。因此，这是一次非同寻常的会议，马克思破例同意与会。

1864年9月28日晚8时，位于伦敦科文特花园附近的圣马丁堂里座无虚席，一次载入史册的国际工人集会开始了。

马克思的故事

　　参加这次集会的有英国、法国和当时居住在伦敦的德国、意大利、瑞士、波兰等国的工人代表，以及一些欧洲的小资产阶级革命民主主义流亡者。

马克思、恩格斯在第一国际会议上

　　会议在十分热烈的气氛中进行。会上宣读了英国工人致法国工人的呼吁书及法国工人的回信。马克思推荐的埃卡留斯代表德国工人作了出色的发言。虽然马克思"扮演哑角加以协助"的角色，但正如恩格斯所说的，在与会者中"只有一个人清楚地懂得正在发生什么和应该建立什么；他就是早在 1848 年就向世界发出'全世界无产者，联合起来！'这一号召的人"[1]。

　　会议经过热烈的讨论，决定成立"国际工人协会"，并选举产生了包括马克思在内的协会领导机关——临时委员会（后来曾先后改称为中央委员会、总委员会）。在临时委员会召开的第一次会议上选出了一个负责起草协会章程和纲领的小委员会。马克思是小委员会的成员。

　　最初，马克思因病未能参与起草工作。在此期间，几位代表拿出好几份章程草案，都不能令人满意。埃卡留斯写信及时地将文件起草工作

---

[1]《马克思恩格斯全集》第 22 卷，人民出版社 1965 年版，第 398 页。

的进程通报马克思，并请求马克思参加起草工作。10月20日小委员会在马克思家中召开研究修改会议。他们逐条对章程进行讨论，会议进行到深夜1时才通过了章程40条中的第一条。最后，小委员会决定，将修改任务交给马克思去完成。临时委员会也决定延期审议这份文件，这一决定为马克思争取了时间。

但是，完成这项任务并非易事，既要坚持原则、排除当时流行于工人运动中的各种错误思潮，又要通过出色的表述使多数工人代表能够接受，也就是说要体现"实质上坚决，形式上温和"的策略，这是对马克思的严峻考验。马克思将自己修订章程的思路告诉了恩格斯，这就是要把革命的原则性与策略的灵活性很好地结合起来。

马克思达到了目的。他将原来共有40条的章程草案改写为由10条构成的《临时章程》（即《国际工人协会共同章程》），马克思还另外起草了《国际工人协会成立宣言》。这两份文件先后于10月27日和11月1日在小委员会和总委员会上被通过，正式成为国际无产阶级的纲领性文件。这意味着自成立之初，马克思的思想就已成为第一国际的指导思想了。

马克思在《临时章程》中，扼要地说明了国际工人协会的目标和基本组织原则。他指出：协会的任务是团结各国工人群众，为完全解放工人阶级，消灭一切阶级压迫而斗争。马克思强调协会的总原则是，工人阶级的解放只有由工人阶级自己去争取。工人阶级的解放斗争不是要争取阶级特权和垄断权，而是要争取平等的权利和义务，消灭任何阶级统治。工人阶级的经济解放是一个伟大的目标，一切政治运动都应该作为手段服从这个目标。

《临时章程》还规定，协会的最高机关是每年召开一次的工人代表大会，协会的各个领导机构都是选举出来的，中央委员会每年都要向代表大会报告自己的活动。参加协会的团体和组织在行动时应严格遵守纪律。

《国际协会成立宣言》则以通俗易懂的文字阐明了《共产党宣言》的基本思想。在这份文件中，马克思透彻地分析了1848年革命以来世界经济发展的形势和无产阶级的悲惨命运。他指出，工人群众的贫困在1848年到1864年间没有减轻，这是不容争辩的事实，但是这个时期就工业的发展和贸易的增长来说却是史无前例的。不论是机器的改进，科学在生产上的应用，交通工具的改良，新的殖民地的开辟，向外移民，扩大市场，自由贸易，或者是所有这一切加在一起，都不能消除劳动群众的贫困。

马克思指出，雇佣劳动只是一种暂时的和低级的形式，它注定要让位于带着兴奋愉快心情自愿进行的联合劳动。但是，在资本主义条件下，土地巨头和资本巨头总是要利用他们的政治特权来维护他们的统治。因此，"夺取政权已成为工人阶级的伟大使命"，无产阶级要通过推翻资本主义制度来实现工人阶级的彻底解放。

马克思在《国际工人协会成立宣言》中还强调了工人阶级之间的国际联合和团结的重要性和必要性。他总结了工人运动过去在这方面的教训，指出，为了工人阶级的解放，各国工人应当团结一致，加强合作。如果忽视了国际团结，就会使无产阶级因为分散而遭到共同的失败。

《国际工人协会成立宣言》最后重申了16年前《共产党宣言》所提出的振奋人心的口号："全世界无产者，联合起来！"

马克思是国际工人协会的思想者和领导者，《临时章程》和《国际协会成立宣言》为国际工人协会奠定了牢固的基础。第一国际创立后，很好地实现了马克思主义与国际工人运动的结合，有力地促进了世界工人运动的发展。

杰出的德国通讯书记

马克思由于受普鲁士反动政府的迫害，不得不放弃自己的国籍，但是他始终关注着"生于斯、长于斯"的故土。根据第一国际章程中关于"总委员会从其委员中选出为进行各种事务所必需的负责人员，即财务委员、总书记、各国通讯书记等等"的规定，马克思担任了德国通讯书记的职务。

当时在德国工人中具有广泛影响的全德工人联合会由拉萨尔派控

制。全德工人联合会是德国工人阶级的政治性组织，于 1863 年 5 月成立于莱比锡，拉萨尔当选为主席。在拉萨尔的影响下，全德工人联合会滑入机会主义的泥潭，在政治上走争取普选权的和平议会之路，在经济上把建立由国家资助的生产合作社作为解决资本主义社会矛盾的基本手段。

1864 年 8 月，拉萨尔去世后，他的继任者伯恩哈特·贝克尔继续执行拉萨尔的宗派主义路线，拒绝加入国际工人协会。而且，当时德国的法律也禁止工人团体参加国外组织。面对这些困难，马克思没有气馁，而是抓住一切机会开展工作。

出于在德国加强对国际思想宣传的考虑，马克思和恩格斯同意了全德工人联合会的机关报《社会民主党人报》的编辑施韦泽的邀请，为《社会民主党人报》撰稿。马克思将《国际工人协会成立宣言》的德文本寄给了《社会民主党人报》，报上发表了这一宣言。后来，施韦泽在蒲鲁东去世后请求马克思写一篇关于蒲鲁东的文章，马克思答应下来，并写下了《论蒲鲁东》一文。

在《论蒲鲁东》一文中，马克思客观地评价了蒲鲁东的功劳，也尖锐地批判了他的错误，指出了蒲鲁东方法论上的毛病。他还批判了蒲鲁东巴结波拿巴制度的无耻嘴脸。马克思对蒲鲁东巴结波拿巴的批判，实质上也是对拉萨尔及其追随者巴结普鲁士统治者的批判，只不过没有点名罢了。

施韦泽是拉萨尔的忠实信徒，拉萨尔去世后，他不顾马克思的劝告，继续在《社会民主党人报》上制造对拉萨尔的偶像崇拜，甚至露骨地刊载支持俾斯麦的文章。在这种情况下，马克思和恩格斯果断地宣布同《社会民主党人报》决裂。马克思在写给恩格斯的信中披露了他当时的立场。他说，不希望别人利用他们的名字去蒙蔽工人，或者使他们成为任何愚蠢言行的工具。

马克思和恩格斯同《社会民主党人报》的决裂得到了德国先进工人的支持。曾担任《社会民主党人报》兼职编辑的马克思的学生李卜克内西也宣布退出编辑部。由于同《社会民主党人报》的决裂，马克思放弃了争取全德工人联合会在现行法律允许的情况下，以个人身份加入国际的策略。这是马克思为了加强国际同德国工人阶级联系所作的进一步努力。

不久，马克思的不懈努力终于奏效。1865—1866年冬，第一国际在德国的支部开始在一些城市建立起来。其建立者首先是一些反对拉萨尔主张的全德工人联合会会员。与此同时，原来由自由派创建的德意志工人教育协会联合会也逐渐向国际靠近。在年轻有为的旋工奥古斯特·倍倍尔的努力下，1865年7月，萨克森的29个工人协会合并，成立了德国工人协会联合会。8月，倍倍尔同李卜克内西相识，并在李卜克内西的帮助下学习掌握马克思的科学理论，从此两人开始了密切的合作。在北德意志联邦国会选举中，李卜克内西和倍倍尔同时被选入国会，从此德国工人阶级在议会的讲台上有了自己的发言人。

第一国际和马克思本人对德国工人阶级的影响日益扩大，形势迫使施韦泽再次向马克思靠拢。他在《社会民主党人报》上发表了评论《资本论》的文章，并就钢铁产品的保护关税问题写信向马克思请教。1868年7月6日，以施韦泽为首的全德工人联合会理事会向马克思发出邀请，恳请马克思以贵宾身份出席在汉堡召开的全德工人联合会代表大会，理由是马克思"作为《资本论》的作者对工人的事业有突出的贡献"，马克思婉言予以谢绝。

从在汉堡召开的这次拉萨尔派的代表大会的议程上也可以看出，马克思的学说在德国工人中已具有较大的影响。会议听取了拉萨尔的反对派的领导人威廉·白拉克所作的关于《资本论》的报告，以及其他人士所作的关于对待国际的态度的报告。会议原则上承认各国工人共同行动的必要性，但拉萨尔派的领导人继续阻挠联合会加入国际。几个月后，白拉克等人便退出了全德工人联合会。

就在全德工人联合会代表大会召开后不久，倍倍尔领导下的德国工人协会联合会在纽伦堡召开了代表大会。会上通过投票，多数人赞成国际工人协会的纲领。这说明德国工人阶级的这一政治组织已经转向无产阶级的阵营，实现了同自由派资产阶级的决裂。接着，第一国际的总委员会会议宣布，德国工人协会联合会为国际工人协会德国的执行委员会。马克思辛勤播下的国际的种子终于在德国开花结果了。

德国工人运动的发展迫切需要在德国建立起一个新的真正无产阶级的政党。然而，要达到这个目标，一方面必须清除拉萨尔派在工人中的影响，另一方面还必须克服小资产阶级的萨克森人民党在工人中的影响。这是建立新的真正的德国工人政党的两个基本条件。但是，施韦泽继续顽固地推行拉萨尔派分裂工人运动的宗派主义路线，并计划建立一种独裁式的所谓集中制的工会组织。对此，马克思进行了坦率的批评。拉萨尔派的全德工人联合会的机会主义路线越来越激起德国工人阶级的不满。1869年春夏之际，大批拉萨尔派的组织成员退出全德工人联合会，投入反对派的阵营。

1869年8月7日至9日，在李卜克内西、倍倍尔和白拉克的领导下，德国各方面的先进工人在爱森纳赫城召开了代表大会，成立了德国无产阶级的政党——德国社会民主工党。这是世界上在民族国家范围内建立起来的第一个无产阶级政党。后来，人们为了把它与拉萨尔派区分，称其为"爱森纳赫派"。德国社会民主工党根据第一国际纲领的原则制定了自己的纲领，并宣布加入第一国际。虽然这个纲领仍不免带有拉萨尔主义的痕迹，但在它的主要方面是符合第一国际纲领的原则的。这标志着马克思同拉萨尔机会主义斗争的伟大胜利。

为了推动德国工人运动沿着第一国际的正确路线前进，为了帮助德国无产阶级建立起自己的独立政党，马克思在四五年的时间内做了大量工作。他以通信的形式，对李卜克内西、倍倍尔、白拉克等工人领袖予以具体的指导，给他们发出的信件就达近百封之多。马克思在履行第一国际德国通讯书记的职责过程中，在引导德国工人加入国际工人协会和帮助建立德国无产阶级政党方面，倾注了自己的许多心血。

国际事务的操劳者

马克思作为第一国际领导集体中的成员，从不出头露面，只是默默地为协会工作着。有一次，有人提议选举马克思担任总委员会主席，当即被他拒绝。他虽然没有担任第一国际的主要领导职务，但却是第一国际实际上的领导者。他那位于伦敦梅特兰公园路莫丹那别墅 1 号的家，成了第一国际领导者们经常光顾的办公室、会议室和指挥部。马克思一家从 1864 年 3 月迁入这里后，一直居住了 11 年。

从第一国际诞生之日起直到解散，马克思一直在为它操心费力。他为第一国际起草重要文件，制定纲领、路线和策略。他担任第一国际的德国通讯书记，还先后兼任过比利时、俄国和荷兰的通讯书记，通过与各国工人组织的联系，具体地指导他们的革命斗争。他还承担了第一国际总委员会的大量日常工作。

马克思为筹备第一国际的历次代表会议和代表大会付出了大量心血。

1865 年 9 月，他为在伦敦召开的第一国际的代表会议起草了供会议讨论的重要文件——未来代表大会的议程草案。这个议程草案既吸收了巴黎支部提出的拟议中的代表大会议程的建议，又排除了蒲鲁东主义的影响，显示了马克思驾驭革命斗争策略的才能。马克思起草的议程草案受到会议代表的一致赞同，他在总委员会中的威望也得到进一步的提高。

1866 年 9 月 3 日至 8 日，第一国际日内瓦代表大会举行。马克思于这一年的夏天便开始参与这次代表大会的筹备工作。他为这次代表大会起草了《临时中央委员会就若干问题给代表的指示》文件。这份文件作为总委员会的正式报告在大会上宣读，其中的主要内容作为大会的决议获得通过。这次大会还批准了国际工人协会的章程和条例。马克思忙于付印《资本论》的准备工作，没能亲自出席这次大会。

第一国际于 1867 年 9 月在洛桑召开的代表大会的筹备工作，马克思没能全部参加。他也没有参加这次大会，因为他正在德国校阅《资本论》第 1 卷的清样，这部"工人阶级的圣经"也于这一年的 9 月出版。

1868 年 9 月 6 日至 13 日，第一国际举行了布鲁塞尔代表大会。马克思直接参加了大会的筹备工作。大会通过了必须把铁路、地下资源、矿井和矿山、森林以及耕地转交公共所有的决议。这是一项极为重要的决议，它标志着在国际中无产阶级社会主义对小资产阶级改良主义的胜利。这与会前马克思积极地向总委员会的组成人员大力宣传社会主义的纲领是分不开的。会议还通过了马克思所提出的 8 小时工作日、关于机器的使用、关于对资产阶级的和平和自由同盟代表大会的态度等决议，同时还通过了弗·列斯纳以德国代表团名义提出的关于建议各国工人学习马克思的《资本论》，并协助把这部著作从德文译成其他各国文字的决议。

第一国际巴塞尔代表大会于 1869 年 9 月 6 日至 11 日举行。马克思虽然没有出席这次大会，但是十分积极地参与了筹备工作。在大会召开前举行的讨论大会议程的历次总委员会会议上，马克思分别就土地问题、继承权问题和普及教育问题发了言。这次代表大会再次讨论了土地问题，以大多数票赞成通过了废除土地私有制、变土地私有制为公有制的决议。会议还通过了关于在全国范围和国际范围内把工会联合起来的决议，以及一系列关于从组织上巩固国际和扩大总委员会权力的决议。会上还展开了马克思的科学社会主义的拥护者同巴枯宁的无政府主义的追随者之间关于废除继承权问题的争论。

马克思为第一国际奉献聪明才智和大量宝贵光阴的时期，正是他写作《资本论》等科学理论著作的关键时期。为了完成第一国际的繁重任务和从事科学理论的研究，他经常夜以继日地忘我工作。他在写给恩格斯的信中，披露了他以超人的精力开展工作的时间表。他说：

> 我最近以来，除了继续长疖子以外也是累得不可开交，例如昨夜我到清晨四点才上床。除写书以外，国际协会也占去了我的许多时间，因为实际上我是它的首脑。时间的损失多么巨大！……例如法国人的纠纷：
>
> 2 月 28 日。托伦和弗里布尔从巴黎来了。中央委员会开了会，他们在会上作解释并同勒·吕贝争辩到夜里十二点。之后在博勒特酒馆有一个夜间会议，在那里我又在大约两百张会员证上签了名。（我现在已经改变了这种笨方法，即把我们的签名在制锌版时就加

上去……但是还有一千张会员证，是过去印的，因此只好照旧签名。）

3月1日。波兰大会。

3月4日。小委员会开会讨论法国人问题，到夜里一点钟。

3月6日。小委员会开会讨论同上问题，到夜里一点钟。

3月7日。中央委员会会议开到夜里十二点钟。[①]

　　这份时间表说明了马克思的工作该有多么繁忙。马克思多次对朋友们风趣地说，自己的时间全都被国际的事务占去了，以致从来不能在夜间3点钟以前睡觉。超负荷的工作极大地损害了马克思的健康。由于慢性病的严重发作，他不得不于1865年3月19日至4月8日到他在荷兰扎耳特博默耳的表舅家里休养了3个星期。就是在这段时间里，他仍然没有放弃同表舅讨论世界上各种重大问题的机会。

　　一年后，马克思的慢性病再次发作。医生要求他立即离开工作，离开伦敦去治疗。马克思不得已来到了英国东部的滨海城市马尔吉特进行疗养，但就在为期近一个月的疗养期间，他仍在关心即将召开的日内瓦代表大会的各项重要问题。

　　马克思呕心沥血，对第一国际作出了重大贡献，但是他极力反对宣传他个人。李卜克内西在一份关于德国工人运动的详细报告中，曾简略提到了马克思、恩格斯创办的《新莱茵报》对工人运动所作出的贡献，为此他遭到了马克思的严肃批评。马克思说："至于你的报告，我没有向代表会议宣读，因为关于我个人在其中谈得太多了。"[②]

　　当有人写信给马克思，说他和恩格斯在德国工人中的威信要比他们想象的高得多时，马克思回信说："我们两人都把声望看得一钱不值。举一个例子就可证明：由于厌恶一切个人迷信，在国际存在的时候，我从来都不让公布那许许多多来自各国的、使我厌烦的歌功颂德的东西；

---

①《马克思恩格斯全集》第31卷，人民出版社1972年版，第101—102页。

②《马克思恩格斯全集》第31卷，人民出版社1972年版，第490页。

我甚至从来也不予答复，偶尔答复，也只是加以斥责。"①

对于这一点，李卜克内西和马克思的夫人燕妮都曾不约而同地予以赞扬。李卜克内西说："他讨厌声望，追求声望的行径更使他愤怒。他厌恶花言巧语，谁在他面前说空话敷衍，谁就会倒霉。在这方面他是铁面无私的。他嘴里的'空谈家'是最严厉的谴责语，一旦他认为某人是一个空谈家，他就再不会理他了。'应该逻辑地思维和明确地表达思想'，一有适当机会他就对我们'年轻小伙子'这样说并强迫我们学习。"②

燕妮在写给李卜克内西的信中也夸奖自己丈夫的这一伟大品格："摩尔进行各种各样的工作，辛辛苦苦地通过巧妙灵活的办法，在全世界面前，在一大帮敌人面前维护矛盾分子的统一，制止协会去干各种蠢事，使颤抖的一帮胆战心惊。他在任何场合也不出头露面，不参加任何代表大会，他担负着一切困难工作而不要任何荣誉。"

马克思还十分关心各国工人阶级和被压迫人民的革命斗争。他在参与第一国际工作实践的过程中，在反对第二国际内部形形色色的错误思潮、指导各国工人阶级开展反对资本剥削的斗争、支持被压迫民族进行的民族解放斗争等方面，都发挥了重要作用。马克思对世界工人阶级所作出的贡献永载史册。

①《马克思恩格斯全集》第 34 卷，人民出版社 1972 年版，第 286—289 页。
②［法］保尔·拉法格等：《回忆马克思恩格斯》，人民出版社 1973 年版，第 41 页。

"工人阶级的圣经"

25 年的辛勤磨砺

1867 年 9 月 14 日,《资本论》第 1 卷终于公开出版了。马克思怀着深深的敬意在扉页上题词:"献给我的不能忘记的朋友、勇敢的忠实的高尚的无产阶级先锋战士威廉·沃尔弗。"

沃尔弗是德国人,是德国和国际工人运动的活动家,共产主义者同盟领导人。他和马克思与恩格斯在共同的革命活动中建立了真诚的友谊。他在曼彻斯特以教书为业,一生勤俭节省,攒下了 1000 多英镑的财产。1864 年 5 月他病重以后立下遗嘱,除所需要支付的各种费用外,将余下的 800 多英镑送给马克思,以资助他写作《资本论》之用。

沃尔弗的慷慨解囊好比雪中送炭,大大减轻了马克思的经济压力,使他能够全身心地投入到《资本论》的写作与出版中。当《资本论》第 1 卷出版时,马克思心潮起伏,更加怀念这位老朋友。他感到,没有沃尔弗的鼎力相助,是不会有《资本论》的出版的。

回首马克思走过的历程,不难看出,《资本论》凝结着他太多的心血,是他 25 年辛勤劳动的结晶。

1857 年 7 月至 1858 年 5 月,马克思用 10 个月时间完成的《1857—1858 年经济学手稿》,可以说是《资本论》的最初稿本。在这部手稿中,马克思创立了科学的劳动价值论,并第一次明确地提出了劳动力商品理论的基本内容,揭示了剩余价值的源泉。这部手稿虽然不是为了发表,而是为了自己弄清问题而用,但它在马克思主义政治经济学史上的重要地位是不言而喻的。

1859 年 6 月，马克思在《1857—1858 年经济学手稿》基础上写作的《政治经济学批判》第一分册一书出版。马克思在这部书中完成了对资产阶级政治经济学的批判，形成了自己的经济理论。他创立了剩余价值理论，从而完成了第二个伟大的发现。接着，马克思又开始着手第二分册的写作。他打算在研究了工资、价格和利润的基础上，进一步研究资本的生产、流通以及资本和利润的关系。

1861 年 8 月至 1863 年 7 月，马克思用两年的时间完成了《1861—1863 年经济学手稿》，实际上这是《资本论》的第二个稿本。在这部手稿中，马克思进一步丰富和深化了劳动力商品理论和剩余价值理论，并在《1857—1858 年经济学手稿》的基础上，揭示了剩余价值两种形式之间的内在联系，说明了绝对剩余价值向相对剩余价值转化的逻辑过程和历史过程。

马克思在完成这一部分的研究之后，并没有把它作为《政治经济学批判》的第二分册出版。这部手稿的巨大篇幅使马克思在 1862 年底萌生了出版一部完整的著作的想法，总标题为《资本论》，而副标题为《政治经济学批判》。

从 1863 年 8 月起，马克思将在《1861—1863 年经济学手稿》中没有充分展开的部分篇章，诸如资本的流通和剩余价值的转化形式等问题进一步加以发展和研究，于 1865 年 12 月底，形成了《资本论》的第三个稿本。马克思这时已决定将自己丰硕的研究成果分四卷出版，第 1 卷为资本的生产过程，第 2 卷为资本的流通过程，第 3 卷为总过程的各种形式，第 4 卷为理论史。

1866 年 1 月至 1867 年 4 月，马克思又为这部手稿进行了最后的润色工作。为了尽快出版，马克思接受了恩格斯的建议，首先着手对第 1 卷进行加工整理，以便付印。

1867 年 3 月底，《资本论》第 1 卷脱稿。4 月，马克思亲自带着稿子去德国汉堡，把它交给出版商奥托·迈斯纳。

就在 1867 年 8 月 16 日深夜 2 时，马克思在经过了几个月时间的校阅之后，以极其兴奋的心情写信向恩格斯报告：

亲爱的弗雷德：

这本书的最后一个印张（第四十九印张）刚刚校完。用小号字排印的关于价值形式的附录占了11/4个印张。

序言也已校完并于昨日寄回。这样，这一卷就完成了。[①]

从以上所列举出来的时间表可以看出，如果从马克思写作《资本论》的第一稿《1857—1858年经济学手稿》算起，到1867年《资本论》第1卷出版，共花费10年的时间。如果再往前追溯，马克思的《1857—1858年经济学手稿》又是他自1842年起就开始研究政治经济学的15年成果的结晶。前后一共是25年。这部被恩格斯称为使马克思"长期来呕尽心血""在身体、精神和经济方面都被压得喘不过气来"的巨著，集中着马克思的智慧，记载着他的实践，也铭刻着他对全人类的贡献。

《资本论》的科学性是毋庸置疑的。为了这部巨著的写作，马克思进行了多年的资料积累。他阅读和研究了许多经济学家的大量的政治经济学著作，既包括古典政治经济学家的著作，也包括与他同时代的、他所能看到的各国经济学家的著作，并作了大量的摘抄工作，做了几十本厚厚的笔记。马克思对前人和他人的理论研究成果，既批判继承，又创造性地发展，在此基础上，才创立了马克思主义政治经济学。

《资本论》的实践性更加证明了这部巨著的科学性。为了深入地研究政治经济学和更深刻地剖析资本主义社会，马克思置身于伟大的革命实践之中。早在巴黎居住期间，他就深入到工人群众中去，同他们广泛接触，了解他们的苦难。同时他还在恩格斯的陪同下，特地到当时世界上最发达的资本主义国家英国作实地考察，不但了解这个比较典型的资本主义社会的特征，而且考察工人运动的状况，并与工人组织建立了一定的联系。此外，马克思还有幸沐浴了1848年欧洲资产阶级革命风暴的洗礼。在实践中，马克思获得了许多在书本上得不到的第一手资料，

---

①《马克思恩格斯全集》第31卷，人民出版社1972年版，第328页。

这也正是他能够超越前人和他人而取得重大理论研究成果的奥秘所在。

《资本论》的科学性、实践性也决定了它的强烈的阶级性。与以往的资产阶级经济学家不同，马克思代表的是无产阶级和广大劳动群众的利益，他历尽千辛万苦就是为了给无产阶级提供解放全人类并最后解放自己的理论武器。因此，《资本论》所阐明的资本主义社会经济运动的规律，所揭露的资本主义社会的矛盾和资本的剥削本质，所揭示的资本主义必然灭亡和共产主义必然胜利的规律，正如马克思所说的"无疑是向资产者（包括土地所有者在内）脑袋发射的最厉害的炮弹"①。国际工人运动著名的活动家约翰·菲力浦·贝克尔则把《资本论》誉为"工人阶级的圣经"，足见它对于工人阶级的巨大影响和作用。

《资本论》这样一部人类思想史上无与伦比的著作，也是马克思用伟大的人格力量写出来的。为了创立科学的革命理论，同封建专制制度和资本主义私有制度进行斗争，马克思曾被多国反动政府多次驱逐。他自 1843 年离开德国后，颠沛流离于巴黎—布鲁塞尔—巴黎—伦敦之间，饱受着流亡之苦、家庭贫困、疾病折磨，先后有 4 个孩子因饥饿和病痛离开人世。但即便是在这样不堪忍受的环境中，马克思也没有间断他的经济学研究和《资本论》的写作。

马克思曾说：

> 在科学的入口处，正像在地狱的入口处一样，必须提出这样的要求：
> "这里必须根绝一切犹豫；这里任何怯懦都无济于事。"②

正是这种不同寻常的人生体验使他始终保持着一种坚韧不拔的毅力，始终保持着一种百折不回的斗志。他只有一个信念，那就是为全人类造福。因此，如果说马克思在《资本论》中所阐述的基本原理给人以

---

① 《马克思恩格斯全集》第 31 卷，人民出版社 1972 年版，第 542—543 页。
② 《马克思恩格斯选集》第 2 卷，人民出版社 1972 年版，第 85 页。

深刻启迪的话，那么马克思在写作《资本论》过程中所表现出来的那种惊人的意志，更给人以强烈的震撼，它为全人类留下了异常宝贵的精神财富。

第二个伟大发现

马克思一生中除唯物史观之外的又一个伟大发现是剩余价值学说，它创立的伟大意义怎样评价都不为过。恩格斯在谈到剩余价值学说时说，"这个问题的解决是马克思著作的划时代的功绩。它使社会主义者早先象资产阶级经济学者一样在深沉的黑暗中摸索的经济领域，得到了明亮的阳光的照耀。科学的社会主义就是从此开始，以此为中心发展起来的"①。

剩余价值学说有个不断发展、完善的过程。早在 19 世纪 40 年代，马克思在他所写的经济学著作，如《哲学的贫困》《雇佣劳动和资本》《工资》中，就已初步认识到资本家剥削工人的秘密。又经过 10 余年的研究，他在《1857—1858 年经济学手稿》中，明确地提出了剩余价值的概念，并在《政治经济学批判》中把自己创立的剩余价值理论公之于世。他以后所写的一系列经济学著作，都在不断地深化和完善这个理论。在《资本论》中，马克思集多年研究的成果，进一步全面、深入、系统地阐述了这个伟大的学说。

马克思对资本主义社会的本质和发展规律的研究，是从分析资本主义社会的经济细胞——商品开始的，因为在商品中包含着资本主义一切矛盾的胚芽。马克思首先发现了商品的二重属性——使用价值和价值。从分析商品的二重性入手，马克思进而分析了生产商品的劳动的二重性——具体劳动和抽象劳动。

劳动二重性学说是马克思的首创，它是理解政治经济学的枢纽。资产阶级古典政治经济学劳动价值论的一个重大缺陷，恰恰是"在任何地方也没有明确地和十分有意识地把体现为价值的劳动同体现为产品使用

---

① 《马克思恩格斯选集》第 3 卷，人民出版社 1972 年版，第 243 页。

价值的劳动区分开"①。

马克思在分析了商品的二重性进而分析了劳动的二重性的基础上，深刻地阐释了价值形式理论。马克思在对价值形式的分析中，说明了货币的起源及其本质。

马克思的剩余价值学说是从研究货币转化为资本开始的。他首先从商品流通出发来分析资本。马克思指出，货币是资本最初的表现形式，但货币并不一定是资本，它们是有区别的。当资本家把货币投出去使用，最后给他带来了剩余价值的时候，货币也就转化为资本。

资本是带来剩余价值的价值，没有资本也就没有剩余价值。在谈到剩余价值的来源时，马克思指出，剩余价值不能从流通中产生，又不能不从流通中产生。劳动力成为商品是货币转化为资本的条件。

马克思进一步科学地阐明了劳动力商品理论，第一次把"劳动"和"劳动力"区别开来，从而揭示了剩余价值产生的秘密。在这个问题上，古典政治经济学家们虽然也肯定了剩余价值的存在，并认为剩余价值来自劳动，但由于他们把劳动和劳动力混为一谈，因而无法说明剩余价值的产生。

马克思发现，工人出卖给资本家的，不是资产阶级经济学家所说的劳动，而是劳动力。在资本主义条件下，劳动力成为一种特殊的商品。它同其他商品一样，具有价值和使用价值。

劳动力的价值是由生产它所需要的劳动时间决定的。具体说，劳动力商品的价值包括三个方面：一是为维持劳动者自己所需要的生活资料的价值；二是为维持劳动者家属的生存所必需的生活资料的价值；三是为使劳动者掌握必要的生产技术所必需的教育和训练费用。在劳动力商品的价值中还包含着社会历史和道德等因素所决定的费用。

劳动力商品的使用价值就是劳动。其他商品的使用价值在使用过程中就已被消费掉，而劳动力在使用过程中则能够创造出比它自身价值更大的价值。对劳动力这个商品的消费过程，就是劳动过程。工人劳动所

①《马克思恩格斯全集》第23卷，人民出版社1972年版，第97页注（31）。

创造的价值大于劳动力本身的价值的差额就是剩余价值。因此，劳动力商品的使用价值是价值和剩余价值的源泉。资本家购买工人的劳动力，正是看中了劳动力商品使用价值的这一特点。

资本家把工人投入到生产过程，表面来看，工人劳动一天，资本家支付一天工资，似乎工资是劳动的价格。实则不然。当资本家购买到劳动力以后，就获得了整天使用劳动力的权力，如果劳动力的价值是 6 小时，资本家则强迫工人劳动 12 个小时，这样，工人在剩余 6 个小时中生产出来的价值就是被资本家无偿占有的剩余价值。因此，工资是劳动力的价值或价格，而不是劳动的价值或价格。这样，马克思就把资本家剥削工人的秘密淋漓尽致地揭穿了。

劳动力商品理论的提出是马克思的一个重大贡献。

马克思还通过对剩余价值的分析，揭示了资本的实质。资产阶级经济学家把资本看做是物，是生产资料和生活资料。对此，马克思强调："生产资料和生活资料，作为直接生产者的财产，不是资本。它们只有在同时还充当剥削和统治工人的手段的条件下，才成为资本。"[①]因此，资本所表现的是资本家剥削工人创造的剩余价值的关系。

为了进一步揭露资本主义剥削的秘密，马克思还对资本进行了分析。他根据资本在价值增殖过程中的作用，把资本划分为不变资本和可变资本。这种划分在以往的政治经济学中也是从来没有的。马克思把用于购买生产资料的资本叫做不变资本，这部分资本在生产中只是把它原来的价值转移到商品中去，不会改变价值量。马克思把用于购买劳动力的资本叫做可变资本。这部分资本在生产中能够改变它的价值量，从而带来剩余价值。这就是说，不变资本只是生产剩余价值的条件，而只有可变资本才能带来剩余价值。资产阶级经济学家主张全部资本都能带来利润，这是错误的。

把资本划分为不变资本和可变资本，正像把劳动区分为具体劳动和抽象劳动一样，是马克思在经济学上的创造性贡献。由于不变资本和

①《资本论》第 1 卷，人民出版社 1975 年版，第 835 页。

可变资本的区分，才计算出了剩余价值率，从量上揭示了资本对工人的剥削程度；才创立了资本有机构成学说，进而发现了资本积累的一般规律，并建立了资本流通和再生产理论、平均利润和生产价格理论以及地租理论等等。

马克思进一步揭示了生产剩余价值的两种基本方法。他指出，从剩余价值的生产过程可以看出，工人在一个工作日的劳动是分为两部分的：有一部分时间工人用来再生产劳动力价值，这部分劳动时间是必要劳动时间，在这一时间里所耗费的劳动是必要劳动；另一部分时间是工人无偿地给资本家生产剩余价值，这部分劳动时间是剩余价值劳动时间，在这一时间里所耗费的劳动是剩余劳动。

1872 年的马克思

资本家是贪得无厌的，他就是力图从工人身上榨取到更多的剩余价值。工人"'只要还有一块肉、一根筋、一滴血可供榨取'，吸血鬼就决不罢休"①。

　　为了获取更多的剩余价值，资本家就要延长工人的剩余劳动时间。延长的方法有二：一是绝对延长剩余劳动时间，二是相对延长剩余劳动时间。马克思把在必要劳动时间不变的情况下，资本家通过延长工作日来绝对延长剩余劳动时间所生产的剩余价值，叫做绝对剩余价值。但是，这种方法会遭到工人的强烈反对。于是资本家又采取了另一种方法，即通过采用先进的生产技术和合理地组织劳动，以提高劳动生产率，缩短必要劳动时间。马克思把在工作日长度不变的情况下，通过缩短必要劳动时间来相对延长剩余劳动时间所生产的剩余价值，叫做相对剩余价值。资本主义从简单协作到工场手工业再到机器大工业的客观历史发展过程，与马克思所阐述的绝对剩余价值向相对剩余价值转化的逻辑过程是一致的。

　　马克思还分析了剩余价值转化为资本的问题。马克思认为，资本主义生产和其他社会的生产一样，必须连续不断地进行。他指出："一个社会不能停止消费，同样，它也不能停止生产。因此，每一个社会生产过程，从经常的联系和它不断更新来看，同时也就是再生产过程。"②再生产包括简单再生产和扩大再生产。资本主义生产是规模不断扩大的再生产，因为资本主义生产的目的不是为了获得使用价值，而是为了获得越来越多的剩余价值。而扩大再生产，就需要追加投资，需要资本积累。资本家不是把工人创造的全部剩余价值消费掉，而是把其中的一部分剩余价值转化为资本，这就是资本积累。资本积累是扩大再生产的源泉。

　　马克思根据对资本积累的分析，揭示了资本主义积累的一般规律。他认为，资本的不断积累和扩大，会通过资本有机构成的变化来影响工人的命运。在资本主义制度下，生产技术的不断发展，劳动生产率的不断提高，会使资本的有机构成不断提高。这就意味着，不变资本的比重增加，可变资本的比重减少，对劳动力的需求相对降低，在这种情况下，资本家拼命压低工人工资，劳动力价格更为低廉。于是，大批工人

①《资本论》第 1 卷，人民出版社 1975 年版，第 334—335 页。
②《资本论》第 1 卷，人民出版社 1975 年版，第 621 页。

失业，出现了所谓相对人口过剩，形成产业后备军。因此，在资本主义社会里，"不管工人的报酬高低如何，工人的状况必然随着资本的积累而日趋恶化"[①]。在资本家阶级这一极，财富不断增加，而在工人阶级这一极，则是贫困和劳动折磨不断加深。

马克思在分析了货币转化为资本，资本产生剩余价值，剩余价值又产生更多的资本之后，又回到问题的出发点，考察了之所以能够使资本家掌握较大量的资本和劳动力的最初原因，从而揭露了原始积累的秘密。

资产阶级经济学家一直宣传，资本家最初的资本是他们的祖先靠勤劳积累起来的。他们说，在很久很久以前有两种人，一种是勤劳、聪明的人，是节俭的中坚人物；另一种是懒惰、耗费过了头的无赖汉。第一种人积累财富，成为最初的资本家；第二种人除了自己的皮以外没有什么可出卖的东西，只好出卖劳动力，成为最初的雇佣工人。在这些人看来，原始积累是田园诗般的东西。马克思指出："所谓原始积累只不过是生产者和生产资料分离的历史过程。"[②]是靠征服、奴役、劫掠、杀戮等暴力手段从国内外劳动者身上剥夺来的。他们的"这种剥夺的历史是用血和火的文字载入人类编年史的"[③]。马克思以英国为例，揭穿了资产阶级经济学家所编造的美妙神话。他用大量的事实说明了残暴的圈地运动、血腥的殖民掠夺、骇人听闻的奴隶贸易，是资本原始积累的重要方式，也是资本家阶级攫取巨额货币财富的重要途径。因此，"资本来到世间，从头到脚，每个毛孔都滴着血和肮脏的东西"[④]。

马克思通过对资本原始积累到资本主义积累的历史考察，深刻地分析了资本主义生产方式的内在矛盾，从而揭示了资本主义必然灭亡的客观规律。马克思指出，资本的原始积累剥夺了小生产者的生产资料，使资本主义的生产方式建立起来。于是，原来分散使用的生产资料便会集中起来，转化为社会的、由生产者全体使用的生产资料，小生产变成大

---

①《资本论》第 1 卷，人民出版社 1975 年版，第 708 页。
②③《资本论》第 1 卷，人民出版社 1975 年版，第 783 页。
④《资本论》第 1 卷，人民出版社 1975 年版，第 829 页。

生产，个体劳动变成社会化的劳动。资本主义生产方式确立起来之后，它又通过资本积累而迅速发展。在此过程中，资本家之间的激烈竞争从未停止过。结果是少数资本家通过剥夺多数资本家，使社会财富越来越集中到资本巨头手里。这就造成了规模不断扩大的劳动过程的协作形式日益发展，科学日益被自觉地应用于技术方面，土地日益被有计划地利用，劳动资料日益转化为只能共同使用的劳动资料，各国人民日益被卷入世界市场网，从而使资本主义制度日益具有国际的性质。这就使得资本主义社会的基本矛盾即生产的社会化和资本主义私人占有之间的矛盾日益加深和尖锐化，不断引发资本主义周期性的生产过剩危机，使生产力遭到严重破坏。这表明了，资本主义的生产关系已束缚不住强大的生产力，过去是资本家剥削小生产者，现在要剥削的已经是剥削许多工人的资本家了。

通过对资本主义的深刻分析，马克思向全世界庄严宣告："随着那些掠夺和垄断这一转化过程的全部利益的资本巨头不断减少，贫困、压迫、奴役、退化和剥削的程度不断加深，而日益壮大的、由资本主义生产过程本身的机构所训练、联合和组织起来的工人阶级的反抗也不断增长。资本的垄断成了与这种垄断一起并在这种垄断之下繁盛起来的生产方式的桎梏。生产资料的集中和劳动的社会化，达到了同它们的资本主义外壳不能相容的地步。这个外壳就要炸毁了。资本主义私有制的丧钟就要响了。剥夺者就要被剥夺了。"①

马克思的剩余价值学说，揭示了资本主义生产方式产生、发展和必然灭亡的历史趋势，为全世界的无产阶级和被压迫群众推翻资本主义制度，建立社会主义制度提供了强大的理论依据。

共同树立的丰碑

《资本论》第1卷出版后，虽然资产阶级妄图以沉默的阴谋诋毁它的影响，但是真理是封锁不住的，这部巨著很快引起了世人的瞩目。

---

① 《资本论》第1卷，人民出版社1975年版，第831—832页。

俄国是第一个出版《资本论》译本的国家，它的读者比任何地方都多，而且有教养的人几乎人手一册。1871年秋，《资本论》第1卷的德文第一版全部售完。在出版商迈斯纳的建议下，马克思立即着手第二版的出版工作。

马克思是个治学严谨的人，为了使第二版更加完善，他对全书的结构和部分章节都作了很大调整。接着，他又开始忙于《资本论》第1卷法文版的出版。马克思把《资本论》称作他毕生的事业，他还想尽快完成并出版《资本论》的其他各卷。但由于马克思当时在第一国际总委员会的工作繁忙，加上他本人的健康状况逐渐恶化，这一愿望始终未能实现。

19世纪70年代末期出现的经济危机也拖延了马克思《资本论》第2卷的出版工作。他的高度责任感和理论良心使他注视着经济危机的发展，他不想在这次经济危机还没有达到顶峰之前就妄加评论。但是在此期间，马克思一直为《资本论》其他各卷的出版做着积极的准备。他阅读了各方面有关的书籍，收集了更加丰富的资料，并进行了大量艰苦的研究工作。

然而，长期的劳累并由此而引发的各种疾病给马克思和世人带来了遗憾。《资本论》的全部出版工作还未完成，马克思便去世了。临终前不久，他曾对小女儿爱琳娜说，希望恩格斯根据他的那些材料"做出点什么来"。当时，各国的革命者都关心《资本论》其他各卷的出版工作，也希望恩格斯能担此重任。

众望所归，恩格斯义不容辞地接受了这种委托。在爱琳娜和秘书的帮助下，已经63岁而且被多种工作缠身的恩格斯，毅然蹲在马克思的书房里，翻阅和整理着马克思遗留下来的大量手稿、书信、笔记、文件和书报杂志。经过两年多的艰苦劳动，他于1885年出版了《资本论》第2卷。之后，他又苦战了10个春秋，于1894年出版了《资本论》第3卷。可以说，《资本论》第2卷和第3卷是马克思和恩格斯共同的著作。正如列宁所指出的："奥地利社会民主党人阿德勒说得很对：恩格斯出版了《资本论》第2卷和第3卷，就是替他的天才的朋友建立了一座庄严宏伟的纪念碑，在这座纪念碑上，他无意中也把自己的名字不可磨灭地铭刻上去了。"①

　　《资本论》第 2 卷是在资本的生产过程的基础上研究资本的流通过程。因为生产领域和流通领域是资本活动的两大领域，马克思在这一卷里，考察了个别资本的循环和周转，又研究了社会总资本的再生产与流通问题。

　　他认为，资本作为一种增殖自身的价值，它是不断运动的。它从流通过程进入生产过程，又从生产过程进入流通过程，这就是资本的循环。资本循环依次经过购买阶段、生产阶段、售卖阶段三个阶段，采取货币资本、生产资本和商业资本三种形式。如果任何一部分资本在任何一个阶段上发生障碍，使资本的三种形式不能同时并存，资本循环就要中断，生产也要陷入混乱与停顿。因此，资本只有在不断的运动中，才能保持资本主义生产的连续性，实现价值的增值。

　　马克思指出，资本的生命就在于无休止的运动，一个循环接着一个循环。这个周而复始不断反复的资本循环，就是资本周转。资本生产时间和流通时间长，资本周转速度就慢；资本生产时间和流通时间短，资本周转速度就快。除此之外，生产资本的构成也是影响资本周转速度的重要因素。

　　根据资本各部分在周转中的价值转移方式不同，资本又被划分为固定资本和流通资本。固定资本是指购买厂房和机器的那部分资本，流动资本是指购买原料、燃料等劳动对象和购买劳动力的那部分资本。固定资本在生产过程中只是部分地被磨损，它们的价值逐渐转移到产品上去。而流动资本中的那两部分在价值和剩余价值生产中的作用是不同的，原料和燃料参加一次生产过程就全部消耗掉，它们的价值全部转移到新产品中，但劳动力的价值不是转移到新产品中，而是在生产过程中重新创造价值。马克思指出，资产阶级经济学家把可变资本和不变资本的关系混同于流动资本和固定资本的关系，"这样一来，资本主义的生产过程就幸运地变成一个神秘莫测的东西了，产品中包含的剩余价值的

———————
①《列宁选集》第 1 卷，人民出版社 1972 年版，第 92 页。

起源，也就完全被掩盖起来"[①]。

马克思在分析考察了个别资本的循环和周转之后，又分析考察了社会总资本的再生产和流通问题，即社会总产品的各个部分在价值上和物质上得到实现和补偿的问题。为了了解社会总产品的实现，马克思首先从两个方面考察了社会总产品的构成。他认为，如果从价值构成来看，社会总产品包括不变资本、可变资本和剩余价值三部分。如果从物质构成来看，社会总产品包括生产资料和消费资料两大部类。马克思把生产生产资料的部类称为第Ⅰ部类，把生产消费资料的部类称为第Ⅱ部类。马克思把社会总产品从价值上分成三个部分，把社会生产分为两大部类，这是分析社会总资本生产的两个基本前提。

社会总生产分为简单再生产和扩大再生产。马克思分别研究了这两种再生产的实现问题，指出，无论是哪种再生产，在再生产前都必须保证把上年的产品在流通领域里全部实现，使再生产的要素在价值上和物质上都能满足要求。如果两大部类比例失调，产品不能实现，就要发生危机，社会总资本的周转就要受阻，剩余价值的生产和实现也要受到影响。

马克思的巨大贡献是正确说明了两大部类以及各生产部门之间的一定的比例关系。但是资本主义生产的自发性质必然破坏这种比例关系，因此，周期性的经济危机的爆发是不可避免的。马克思说，如果我们设想一个社会不是资本主义社会，而是共产主义社会，"问题就简单地归结为：社会必须预先计算好，能把多少劳动、生产资料和生活资料用在这样一些产业部门而不致受任何损害，这些部门，如铁路建设，在一年或一年以上的较长时间内不提供任何生产资料和生活资料，不提供任何有用效果，但会从全年总生产中取走劳动、生产资料和生活资料。相反，在资本主义社会，社会的理智总是事后才起作用，因此可能并且必然会不断发生巨大的紊乱"[②]。所以，只有用共产主义社会制度取代资本主义制度，才能消灭经济危机。

《资本论》第3卷主要是研究了剩余价值的转化形式问题，揭露了

①②《资本论》第2卷，人民出版社1975年版，第350页。

产业资本家、商业资本家和银行资本家、地主从不同方面剥削工人，共同瓜分剩余价值的真相。

马克思首先阐明了平均利润和生产价格问题，这也是马克思的独创。马克思指出，利润是剩余价值的转化形式。剩余价值本来是可变资本带来的，但资本家却把它当做是他垫付的总资本带来的。当剩余价值被当做是全部资本的产物时，剩余价值就成为利润。他们计算自己财富的增值时，不是用剩余价值与全部资本之比，即剩余价值率，而是用剩余价值与可变资本之比，即利润率，这样利润可小于剩余价值率，从而掩盖了资本家对工人剥削的程度。

马克思分析了利润率向平均利润率的转化。他指出，资本有机构成不同，利润率就不同。有机构成高的部分，利润率就低。有机构成低的部分，利润率就高。这就促使资本家把他们的资本从有机构成高的部门投向有机构成低、利润率高的部门。其结果使这些部门的产品供过于求，利润率下降。而原来那些利润率低的部门，由于资本的转移产品供不应求，使得价格上涨，利润率开始升高，又把资本吸引回来。资本就这样不断地在各生产部门之间转移，最终造成各部门之间的利润率不断趋于平均，形成平均利润率。利润率转化为平均利润率之后，进一步掩盖了资本家剥削工人的真相。

马克思认为，尽管资本家为了追逐剩余价值彼此存在尖锐的矛盾，但在剥削工人方面，却是有着共同的利益。马克思指出："我们在这里得到了一个像数学一样精确的证明：为什么资本家在他们的竞争中表现出彼此都是虚伪的兄弟，但面对着整个工人阶级却结成真正的共济会团体。"[1]因此，工人只有推翻整个资本主义剥削制度，才能使自己从受剥削、受奴役的境况中解放出来。

马克思在阐明平均利润理论的基础上，又阐明了价值转化为生产价格的理论。马克思认为，生产价格不过是价值的转化形式，这种转化是因为平均利润造成的。在资本主义商品的生产条件下，资本家为卖而

---

①《资本论》第3卷，人民出版社1975年版，第221页。

买，不仅要求实现价值，而且按资本本性要求实现平均利润，于是价值转化为生产价格，生产价格等于商品的成本价格加上平均利润。这样，商品不再是按照价值出卖，而是按照生产价格出卖。生产价格并不违反价值规律，而是价值规律在新的经济条件下的表现形式。

古典经济学家和庸俗经济学家都没能科学地解决这个问题，而这正是马克思的伟大功绩之一。

马克思还分析了平均利润率趋向下降的规律。他指出，在资本主义制度下，由于资本家不断采用最新技术，促进了生产力的发展，也促使资本有机构成的不断提高，结果一般利润率趋于下降。这个规律所造成的后果，是使资本主义的固有矛盾如生产扩大与价值增殖的矛盾，人口过剩与资本过剩的矛盾更加尖锐，最终导致资本主义生产方式的灭亡。

马克思进一步研究了剩余价值的分配问题。他指明了，参与剩余价值瓜分的，是一个剥削者集团。剩余价值不全归工业资本家所有，产业资本仅是社会总资本的一个组成部分。商业资本家帮助工业资本家销售商品，工业资本家就需要把一部分剩余价值转让给商业资本家，他们瓜分平均利润。银行资本家给工业资本家和商业资本家提供贷款，以此获得剩余价值转化来的利息。土地所有者把土地租给投资于农业的资本家，这样他们又以地租的形式瓜分到了一部分剩余价值。

马克思就这样，从剩余价值的生产到它在流通中的实现，再到剥削者阶级之间的分配，证明了雇佣工人的无酬劳动是资本主义社会一切剥削收入的源泉，彻底揭露了资本主义剥削制度的本质。

《资本论》1—3卷，这长达160万字的鸿篇巨制，是马克思倾其毕生的心血所完成的伟大科学成果。它是一部马克思主义政治经济学的理论巨著，也是一部博大精深的马克思主义的百科全书。它为世界无产阶级提供了强大的思想武器，也为资产阶级敲响了丧钟。马克思所阐明的剩余价值理论和唯物史观一起，使社会主义从空想变成了科学。

为了"冲天的巴黎人"

对新事物的鼓与呼

1870 年 7 月 19 日，欧洲爆发了普法战争，这场战火是法国和普鲁士的统治阶级为了争夺欧洲霸主地位而燃起的。8 月底，法国军队和普鲁士军队在色当交战，法国大败，路易·波拿巴和他的上万官兵被俘。9 月，巴黎爆发革命，成立了法兰西共和国。然而，侵略欲已经膨胀起来了的俾斯麦继续进行战争，并公然向法国提出了领土要求。

1871 年 1 月 18 日，普鲁士政府在法国的土地上宣布了德意志帝国的成立，俾斯麦用铁血统一了德国。不久，自称为"国防政府"的法兰西共和国临时政府向普鲁士投降，签订了丧权辱国的临时停战协定。2 月，资产阶级的反动政客梯也尔被选为政府首脑。他一上台，就与普鲁士签订了和约，同意给德意志帝国 50 亿法郎的战争赔款，并把亚尔萨斯和洛林的一部分割让给德意志帝国。

巴黎工人阶级闻讯怒不可遏，他们坚守着巴黎，不许普鲁士军队入侵。梯也尔政府迫不及待地要解除主要由工人组织起来的国民自卫军的武装。3 月 18 日，梯也尔派了几个团的士兵，夜袭蒙马特尔高地，企图夺取国民自卫军的大炮。巴黎人民忍无可忍，奋起进行反抗。政府军的士兵也举行起义，与人民群众站在一起。巴黎起义获得了成功，梯也尔政府的成员仓皇逃往凡尔赛。工人和民主派的小资产阶级接管了巴黎的行政机关，红旗在巴黎上空高高飘扬。

消息传到伦敦，马克思和国际总委员会的委员们异常兴奋。尽管马克思原本并不赞成巴黎起义，他认为当普鲁士军队兵临城下之时，法国工人阶级推翻现存政府的各方面条件还不具备，应主要加强革命力量的积蓄工作。但是当巴黎起义已成为现实时，马克思则因势利导，毫不犹豫地对起义持肯定态度。

他高度评价说："这些巴黎人，具有何等的灵活性，何等的历史主动性，何等的自我牺牲精神！在忍受了六个月与其说是外部敌人不如说是内部叛变所造成的饥饿和破坏之后，他们在普军的刺刀下起义了，好像法国和德国之间不曾发生战争似的，好像敌人并没有站在巴黎的大门前似的！历史上还没有过这种英勇奋斗的范例！"①马克思表现了一个无产阶级革命家的广阔胸怀。

1871年3月18日，巴黎人民起义取得了胜利。

3月26日，经过民主选举，产生了权力机关——巴黎公社，这是无产阶级夺取政权，实行无产阶级专政的第一次尝试。马克思虽然在伦敦，但他时刻关心着来自巴黎的消息。他得知巴黎公社委员会选举出来之后，颁布了一系列社会改革措施：废除了旧的官僚机构，建立了一整套为人民利益服务的行政机构；解散了反动的常备军，以人民的武装——国民自卫军取而代之；实行民主制度，政府各级领导人由普选产生，不称职的，可以随时撤换；宣布国家与教会分离，排除教会势力；取消公职人员的高薪制，规定公社委员的薪金相当于普通熟练工人的工资，不享受特权；颁发了改善劳动人民生活状况的法令，公布了关于劳动保护、降低房租等各项规定。

这些闻所未闻的新鲜事物，使马克思深受启发。他感到，巴黎工人的这些伟大创举，填补了他的关于无产阶级革命和无产阶级专政理论的空白。通过巴黎公社的伟大实践，他已看到未来新国家的雏形。马克思在致格·库格曼的信中写道："工人阶级反对资本家阶级及其国家的斗争，由于巴黎人的斗争而进入了一个新阶段。不管这件事情的直接结果怎样，具有世界历史意义的新起点毕竟是已经取得了。"②

---

①《马克思恩格斯全集》第33卷，人民出版社1973年版，第206—207页。
②《马克思恩格斯全集》第33卷，人民出版社1973年版，第210—211页。

马克思的故事

巴黎公社这一新事物的出现，使资产阶级感到恐惧，资产阶级报刊连篇累牍地刊登一些歪曲事实真相的文章攻击公社，企图把公社扼杀在摇篮中。为了对巴黎公社提供一些有效的援助，马克思还代表国际总委员会写了几百封信，寄往西班牙、比利时、荷兰、丹麦、美国、瑞士、意大利、德国等支部，希望他们开展对巴黎起义者的声援活动。在马克思的努力下，就连英国的资产阶级报刊也暂时放弃了他们对巴黎起义最初的那种凶狠的态度。

马克思还设法同巴黎公社方面建立了联系。巴黎公社委员会中有一些国际工人协会会员，他们对马克思非常敬重。公社委员会列奥·弗兰克尔曾几次写信给马克思，请马克思对巴黎社会的改造问题"出出主意"。在公社补选时，被选入公社领导机构的塞拉叶也向马克思请教，希望马克思就抵押贷款问题提一个解决方案。

马克思站在客观的立场上，为公社委员会提出了不少好的建议。他希望公社委员团结起来，不要为一些琐碎事务和无谓争执浪费时间；他建议把公社委员手中保存的有价证券拿到伦敦出售，增加公社的经济收入；他认为有必要把凡尔赛分子的档案材料转移到安全地方，以便在关键时刻予以揭露；他指出要加强蒙马特尔高地北部面向普鲁士人那一面的防御工作，以防敌人在那里发动进攻；他特别告诫公社要当心，普鲁士可能会给凡尔赛分子提供种种方便，以攻打巴黎等等。

可惜公社并没有完全听从马克思的这些忠告，他们的一些致命弱点日益暴露出来：在军事上，他们没有及时出击凡尔赛，使逃跑的梯也尔政府有了喘息的机会；在经济上，他们未能没收法兰西银行；在舆论上，他们竟容忍资产阶级报刊对公社的诬蔑和诽谤，给人民政权带来了严重的危害。

马克思对此忧心忡忡，他说："如果他们将来战败了，那只能归咎于他们的'仁慈'。当维努亚和随后巴黎国民自卫军中的反动部队逃出巴黎的时候，本来是应该立刻向凡尔赛进军的。由于讲良心而把时机放过了。他们不愿意开始内战，好像那邪恶的侏儒梯也尔在企图解除巴黎武装时还没有开始内战似的！第二个错误是中央委员会过早地放弃了自己的权力,而把它交给了公社。这又是出于过分'诚实的'考虑!"①

事态的发展果然为马克思所言中,逃亡凡尔赛的梯也尔政府不甘心于自己的失败,他们集结了一切反动军队,并乞求俾斯麦提前释放了数万名战俘。于是,一场反革命势力向革命势力的反扑开始了。

4月初,凡尔赛的军队开始进攻巴黎,普军果然让路,在反对革命的无产阶级方面,他们的利益是共同的。英勇的公社战士浴血奋战,儿童、妇女、老人都投入到战斗之中。由于力量相差悬殊,凡尔赛的军队节节进逼。5月下旬,马克思预感到,结局快要到来了。5月28日,在拉雪兹神甫墓地进行最后抗争的一批公社战士终于倒下了,巴黎全部失陷。疯狂的凡尔赛军队开始了对负伤和被俘的公社战士以及男女老幼的惨无人道的屠杀。据统计,被杀死、监禁、流放和驱逐的人数有十万之多,鲜血染红了塞纳河。

公社失败了,但正如马克思所指出的,公社的原则是永存的,是消灭不了的。

从普法战争开始,一直到巴黎公社创立前后,马克思始终关心着无产阶级的命运,并以自己的学识和洞察力给予工人运动以具体指导。他对形势的分析,对战争结局的预测都是正确的。他对巴黎公社这一新事物的出现,既满腔热情地支持,又千方百计地扶植。尽管这个新生事物难免有这样或那样的不足甚至失误,但马克思始终站在"冲天的巴黎人"②一边。

72 天后的评说

在巴黎公社革命失败前夕,马克思仍被肝病和痈病困扰着,甚至行走都感到困难。但当国际总委员会为了使全世界的工人都了解巴黎公社的性质、目标和历史功绩,委托马克思起草一篇关于巴黎公社的宣言时,高度的理论责任感使马克思又开始了忘我的伏案疾书。

好在恩格斯在 1870 年秋天,终于结束了长达 20 年的被称为"埃

---

①②《马克思恩格斯全集》第 33 卷,人民出版社 1973 年版,第 207 页。

及的幽囚"的经商生涯，从曼彻斯特迁居到了伦敦，他们又可以朝夕相处，并肩战斗了。为了完成国际总委员会的任务，恩格斯和马克思的女儿燕妮为他收集资料，恩格斯还为他提供了一份关于公社军事设施的分析报告。

实际上，马克思早在巴黎公社革命之初，就开始广泛地收集资料了。他做的报刊摘录有几十万字。他善于从资产阶级报刊上所登载的那些造谣诬蔑的文章中发掘出有意义的思想资料，同时他也认真研读了公社的报刊和文件。他从4月下旬开始写作，初稿完成后，又经过反复修改，连续写了三稿。就在公社失败两天之后，马克思向总委员会的委员们宣读了这篇宣言，宣言的题目为："法兰西内战 国际工人协会总委员会宣言 致协会欧洲和美国全体会员"。

这篇宣言于1871年6月13日以"法兰西内战"为标题，用英文发表。以后又被译成德文、丹麦文、法文、佛来米文、荷兰文、意大利文、波兰文、俄文、塞尔维亚文、西班牙文等等。它迅速传遍世界各地，是马克思生前传播最快、流传最广的一部著作。

巴黎公社是人类编年史上的大事件，巴黎公社之后，描写、反映、论述巴黎公社的文章、论著和作品比比皆是，然而没有哪一部作品能够超过《法兰西内战》。正如弗·梅林所说，《法兰西内战》是"最辉煌的文件之一，并且直到今天仍然是历来论述巴黎公社的全部浩瀚文献中最卓越的作品"[1]。

马克思在这部光辉著作中，首先用大量事实揭露了法国"国防政府"和梯也尔政府在普鲁士军队入侵、巴黎工人阶级组织起来的情况下，迫不及待地把自己变成"卖国政府"的丑恶行径。他列数了组成资产阶级反动政府的主要成员的历史污点，说明巴黎人民举行武装起义是必然的。

马克思总结了巴黎公社失败的教训，指出他们"犯了一个致命性的错误：本来应该立即向当时毫无防御能力的凡尔赛进军，一举彻底消灭梯也尔及其'地主议会'的阴谋。中央委员会没有这样做"[2]，而是一

---

[1]［德］弗·梅林：《马克思传》，人民出版社1973年版，第580页。
[2]《马克思恩格斯选集》第2卷，人民出版社1972年版，第369页。

直采取消极防御的策略。其原因主要是，巴黎的工人阶级受到虚伪的资产阶级民主思想的影响，害怕承担篡夺政权和发动内战的恶名，因此才失去了大好的时机，给了梯也尔以集中兵力反扑的时间。

马克思通过对巴黎公社经验教训的总结，进一步发展了他的暴力革命思想。在马克思看来，巴黎公社革命的一条重要经验，就是自始至终牢牢地掌握着革命的武装。公社成立后宣布的第一道法令就是废除常备军，以工人的武装代替它。而梯也尔政府实行对外投降、对内镇压的政策，也把"武装的巴黎"看做是阻碍反革命阴谋实现的"唯一严重障碍"，他们认为"必须解除巴黎的武装"。而巴黎的工人阶级则牢牢地掌握着革命的武装，既抵御了入侵围困巴黎的普鲁士军队，又顽强地与凡尔赛的反动军队进行了殊死的搏斗，保卫了新生的红色政权。对此，马克思给予高度的评价。他指出："这次革命的新的特点在于人民在首次起义之后没有解除自己的武装，没有把他们的权力拱手交给统治阶级的一群共和主义骗子手里……"[1]无产阶级正是依靠手中的武装力量，才使巴黎公社存在了 72 天，如果没有这种武装力量，巴黎公社一天也维持不下去。巴黎公社正是以革命暴力打碎资产阶级国家机器的一次伟大尝试。

马克思在《法兰西内战》中，还阐明了无产阶级专政和无产阶级国家的学说。他指出，1871 年巴黎公社革命的又一条经验是证明了无产阶级必须打碎旧的国家机器，才能建立起自己的阶级统治。早在巴黎公社诞生之际，马克思于 1871 年 4 月 12 日在致库格曼的信中就说："如果你读一下我的《雾月十八日》的最后一章，你就会看到，我认为法国革命的下一次尝试再不应该像以前那样把官僚军事机器从一些人的手里转到另一些人的手里，而应该把它打碎，这正是大陆上任何一次真正的人民革命的先决条件。"[2]

马克思认为，以往的革命都是使国家机器更加完善，而没有摒弃

---

① 《马克思恩格斯选集》第 2 卷，人民出版社 1972 年版，第 424 页。
② 《马克思恩格斯选集》第 4 卷，人民出版社 1972 年版，第 392 页。

它。历次革命所起的作用，都不过是使国家政权在统治集团内部转移。巴黎公社革命与以往的革命相比，有完全不同的性质，"它不是为了把国家政权从统治阶级这一集团转给另一集团而进行的革命，它是为了粉碎这个阶级统治的凶恶机器本身而进行的革命"①。巴黎公社革命是无产阶级推翻资产阶级政权，建立无产阶级政权的一次伟大创举。

马克思认为，巴黎公社是无产阶级专政国家的雏形。他通过总结巴黎公社经验，概括了无产阶级新国家的特征，即：

建立无产阶级自己的军队，废除旧的常备军和警察这两种旧政府物质权力的工具。这是巩固新的革命政权，维护人民群众利益，抵御外来侵略的根本保障。

实行普选制，由人民群众自己实行社会管理，由人民直接行使权力。

彻底废除官僚制度，用人民选举出来的公仆代替旧机构的官吏，这是巴黎公社创造的伟大经验，它鲜明地体现了无产阶级新国家的基本特征。

在马克思看来，新国家在意识形态领域，应摧毁精神压迫的工具，使人们从宗教的束缚下解放出来。规定一切学校对人民免费开放，不受教会和国家的干涉。

废除生产资料私有制，摧毁旧的经济基础，这也是建立新型国家的首要前提。

马克思认为，建立巩固的革命联盟，对于无产阶级国家来说，也是十分必要的，这是取得胜利的根本保证。

马克思通过总结巴黎公社的经验教训，进一步丰富了他在《共产党宣言》中提出的建党思想。在马克思看来，如果没有一个革命的、根据科学的纲领行动的党，工人阶级要取得革命斗争的胜利是不可能的。巴黎公社失败的一个重要原因，就是由于没有一个以科学社会主义理论武装的无产阶级革命政党的领导。当时在巴黎公社的领导集团内部，占据

---

① 《马克思恩格斯选集》第 2 卷，人民出版社 1972 年版，第 411 页。

领导地位的是布朗基主义者和蒲鲁东主义者,他们受到各种资产阶级、小资产阶级以及空想社会主义思潮的影响,在思想上无法达成共识,在经济军事措施上存在着严重分歧。领导集团内部的无谓争吵,贻误了许多战机;错误的思想指导,造成了一系列决策上的重大失误。因此,建立一个统一的无产阶级革命政党是非常重要的和迫切的。

后来,在伦敦召开的国际工人协会代表会议上,马克思根据巴黎公社的经验教训以及当时各国的建党情况,进一步强调了组建无产阶级政党的极端重要性。他指出:

> 工人阶级在它反对有产阶级联合权力的斗争中,只有组织成为与有产阶级建立的一切旧政党对立的独立政党,才能作为一个阶级来行动;
>
> 工人阶级这样组织成为政党是必要的,为的是要保证社会革命获得胜利和实现这一革命的最终目标——消灭阶级……[①]

马克思的这一思想在 1872 年海牙国际代表会议上,被补充进《国际工人协会共同章程》的第七条,它对后来许多国家建立起无产阶级政党起到了一定的推动作用。

马克思在总结巴黎公社 72 天革命实践的基础上,把自己的科学社会主义学说推向了前进。

在《法兰西内战》一文的最后部分,马克思用铿锵有力的语言写道:"工人的巴黎及其公社将永远作为新社会的光辉先驱受人敬仰。它的英烈们已永远铭记在工人阶级的伟大心坎里。那些杀害它的刽子手们已经被历史永远钉在耻辱柱上,不论他们的教士们怎样祷告也不能把他们解脱。"[②]

这种鲜明的爱憎立场,在当时的资本主义世界引起强烈震撼。资产阶级报纸对马克思进行了恶毒的咒骂和中伤,甚至连警察的暗探也跟踪

①《马克思恩格斯全集》第 17 卷,人民出版社 1963 年版,第 455 页。
②《马克思恩格斯选集》第 2 卷,人民出版社 1972 年版,第 399 页。

他。对此，马克思在给一位朋友的信中幽默地写道："我目前荣幸地成了伦敦受诽谤最多、受威胁最大的人。在度过二十年单调的沼泽地的田园生活之后，这的确是很不错的。政府的报纸《观察家报》以向法庭起诉来威胁我。看他们敢！对这帮恶棍我一点也不在乎！"[1]

马克思在探索真理、捍卫真理的道路上，是从不向反动势力低头的。反动势力对马克思的诬蔑、诽谤，更加从反面证明了他理论的强大力量。

无私无畏的一家人

巴黎公社失败后，大批的公社战士和无辜群众遭到梯也尔反动政府的迫害和杀戮。他们不得不背井离乡地逃亡国外。按照当时欧洲一些国家规定，政治流亡者有政治避难权而不受本国政府的追究，但是梯也尔反动政府却把这些流亡者说成是刑事犯，并要求各国政府引渡他们。

马克思这一时期的处境也极为不佳。《法兰西内战》一书的发表，引起了各国反动势力的仇视。资产阶级的反动报刊连篇累牍地发表文章，对马克思进行攻击和诽谤。德国政府甚至发出了通缉令，声称只要马克思回国，就立即予以逮捕。马克思的家人也受到了密探的监视。但马克思完全置个人生死于度外，当巴黎公社的流亡者潮水般涌入伦敦时，马克思立即投入到救助流亡者的活动中。

马克思和国际首先做的一项工作是反对法国梯也尔反动政府的引渡要求，维护流亡者的合法避难权。他们组织英国工人阶级和进步人士开展斗争，并在报界大造舆论，这就迫使英国政府不得不顾及国内的民主传统与工人的情绪。他们在答复法国政府提出的引渡要求时说，法庭将根据每个人的具体情况作出裁决，这无疑给流亡者提供了一定的保障。经过马克思、恩格斯和国际工人协会各地方组织的积极斗争，瑞士、比利时等国也坚决反对法国政府的引渡要求，公社流亡者总算找到了栖身之地。

---

①《马克思恩格斯全集》第33卷，人民出版社1973年版，第236—237页。

马克思所做的另一项工作是帮助那些尚躲藏在巴黎和巴黎附近的公社战士逃离法国。这项工作十分艰巨并且有很大风险，但是马克思认为，救助这些为革命事业作出了巨大牺牲的公社战士，是自己义不容辞的责任。他千方百计地找门路，弄护照，并托人秘密带到法国。在马克思的帮助下，许多公社战士利用合法护照安全离开法国，来到伦敦。马克思对于为自己提供了巨大的帮助，设法帮他弄到护照的欧根·奥斯渥特充满感激之情，他在信中写道："您的帮助已经救了六个人，如此崇高的事情是对您劳累的最好奖赏。"①马克思把救助每一个公社战士看做是自己的最大幸福。

马克思还花费了极多的时间和大量的精力安排来到伦敦的公社流亡者。尽管他当时正忙于《资本论》第 1 卷第二版的出版工作，仍积极为他们寻找住所，提供食品和各种必要的衣物等。这些事情做起来非常琐碎，但马克思从来不厌其烦，他认为，这是在履行自己的国际主义职责。为了使逃亡的公社战士尽快摆脱生活困境，马克思和恩格斯还发动了募捐活动，积极筹集资金。马克思虽然家中经济并不宽裕，但总是慷慨解囊，带头捐款。对于那些想找工作的战士，他把他们的名字、特长一一记在笔记本上，到处奔走，四方联系，一旦找到比较合适的工作，马克思就和恩格斯一起，为这些流亡者代付经办人佣金，为他们添置新装、代还债务、提供路费等，一切安排得妥妥帖帖。

此时的马克思已是 50 多岁的人了，而且身患多种疾病，但是为了公社未竟的事业，为了生活在异国他乡、曾为公社的事业英勇奋斗的公社社员得到精神上的支持和生活上的温暖，马克思忘我地忙碌着。他说，即使一天有 48 小时，仍然是几个月也做不完自己每天的工作。国际的工作很多，加上伦敦挤满了流亡者，应当给以关怀。

救助流亡者的工作，使马克思没有足够的时间从事他所钟爱的理论研究。对此，马克思的大女儿燕妮曾生动地描述道："他不仅要和各国统治阶级的政府进行斗争，而且还要和'身体肥胖、和蔼可亲和年纪四十

①《马克思恩格斯全集》第33卷，人民出版社1973年版，第255页。

的'房东太太们进行短兵相接的搏斗,因为这些房东太太由于某个公社社员没有付房租就对摩尔发起攻击。他刚要专心地进行抽象思考,斯密斯太太或者布朗太太就会闯进来。"①

马克思的热心关怀和无私帮助使流亡者们深受感动。巴黎公社的英雄、波兰革命家瓦符卢勃列夫斯基,后来回忆他在伦敦的那些艰难的日子时,曾在致恩格斯的信中写道:"在我流亡伦敦时期,您的家和马克思的家成了我唯一的、真正充满友情的避难所,在这里你们对我多么友爱和仁慈……"②

的确,在那段日子里,马克思在梅特兰公园路的寓所成了流亡者的避难所。马克思的夫人和女儿都积极参加了救助公社流亡者的活动,那些衣衫褴褛、疲惫不堪的流亡者,在马克思的家里,在餐桌上,都受到了她们热情而殷勤的款待。

马克思与恩格斯和马克思的女儿燕妮、劳拉、爱琳娜

马克思的夫人燕妮虽然出身于贵族家庭,但在她那里,社会地位的差别是不存在的。她早已追随马克思,把自己的命运与无产阶级的命运

---

① 《马克思恩格斯全集》第33卷,人民出版社1973年版,第667页。
② [苏]彼·费多谢耶夫等:《卡尔·马克思》,三联书店1980年版,第617页。

联系在了一起。她同情那些流离失所的流亡者，在精神上，她给他们以极大的慰藉；在生活上，她给他们以无微不至的关心和帮助。随着家里居住的流亡者的增多，家庭生活开支急剧增长，这对于靠稿费维持生计的马克思一家人来说确实难以承受，但燕妮和琳蘅想方设法，倾尽家里所有，并向朋友借贷，千方百计地使那些流亡者在他们家里有一种安全感、舒适感。

马克思的女儿们在青少年时期就崇拜具有革命传统的法兰西民族。随着年龄的增长，这种情绪已变为亲自为无产阶级的解放事业尽一份力量的愿望。她们对于巴黎公社的流亡者，更是当做英雄一样来热情接待。

马克思的大女儿燕妮像父亲一样，面庞黝黑，头发乌黑，眼睛又黑又亮，长得妩媚动人。她是国际总委员会成立的公社流亡者救济委员会的秘书。为了给流亡者筹集捐款，她不知疲倦地四处奔波，同时还多方发信求援。她在 1871 年 12 月底，在写给朋友的一封信里介绍了自己的情况。她说："最近三个星期来，我经常从伦敦的一个郊区跑到另一个郊区（在这个大城市里，这不是件小事），而且写信往往写到夜里一点钟。"[①] 燕妮在家庭的熏陶下，已成长为自觉的革命者。燕妮还把自己的爱情献给了一位逃亡的公社战士、法国的新闻记者沙尔·龙格。龙格曾是公社委员会的委员，负责审定公社的正式报纸。公社失败后，他逃离法国，来到伦敦。共同的思想基础和追求，使燕妮和龙格在 1872 年 10 月结成了伴侣。燕妮作为一个政治流亡者的妻子，婚后一直过着贫困的生活。龙格 1880 年在当年的公社战士被赦免后回到法国，随后便投入政治斗争行列。燕妮也积极参加国际工人运动，宣传科学共产主义思想。

马克思的二女儿劳拉比姐姐更漂亮，她五官端正，长着一双有长长睫毛的淡绿色的眼睛。她是最早离开父母身边的。她于 1868 年与法国的社会主义者、医生保尔·拉法格结婚。婚后，他们迁居巴黎。1871 年 3 月，当巴黎公社成立之时，拉法格夫妇参加了公社的活动，后来为了

---

① 《马克思恩格斯全集》第 33 卷，人民出版社 1973 年版，第 666 页。

马克思的故事

躲避梯也尔当局的搜捕，劳拉带着两个年幼的孩子逃到比利牛斯山区的一个小镇，再后来又去了西班牙。劳拉不愧是马克思的女儿！贫困的生活和随时可能被捕的威胁并没有使劳拉屈服，两年内失去三个爱子的悲痛也没有使劳拉动摇信念，反倒使她更加坚强起来。她在给父亲的信中写道："我们希望在我们的朋友中至少有一些人能够幸免，并希望他们为了替死难者复仇而继续活下去，我们竭力用这样的希望来安慰自己……我打算在这里的草地上和树林里练习射击手枪，因为我看到妇女们在最近的斗争中是怎样勇敢地进行战斗，而且谁也不知道将来还会发生什么事情。"[①]

劳拉和拉法格同其他的巴黎公社战士一样，是在1880年大赦后回到巴黎的。拉法格后来成了法国工人运动和法国马克思主义工人党的领袖。劳拉始终是丈夫的忠实助手，她是马克思主义最卓越的宣传家。

马克思的小女儿爱琳娜风度优雅，大方可爱。她也是很早就参加革命活动了。1871年，她和姐姐燕妮去法国西南部看望劳拉，在边境地区被警察逮捕，并受到严厉的审讯。法国警察想从她们口中探听正被他们搜捕的保尔·拉法格的情况，但姐妹俩沉着冷静，使警察一无所获，最后不得不释放她们。爱琳娜在燕妮结婚之后，接替了姐姐的工作，给父亲当秘书，积极参加无产阶级的革命活动。马克思逝世后，爱琳娜与自然科学博士、达尔文主义者爱德华·艾威林结婚，他们夫妇在英国工人运动中起到了重要的作用。

马克思的一家人为全人类的解放事业无私无畏，作出了杰出的贡献。马克思选择了为全人类谋福利的事业，为此他放弃了舒适的工作，优裕的生活。为了探寻解放全人类的真理，全家四处颠沛流离，始终生活在贫困与动荡之中。生长在这样环境中的马克思的女儿们，非但没有去追求安逸与舒适的生活，反而同父辈一样，坚定地走上了为全人类谋福利的道路，特别是燕妮与劳拉作为政治流亡者的妻子，也曾过着艰难而动荡的生活，但她们像父亲一样宁折不弯，矢志不渝，终生不悔。

---

① [苏] H.格姆科夫：《我们的一生》，天津人民出版社1983年版，第288页。

不息的晚年

天才的预见

1874 年年末，就在马克思对《资本论》第 1 卷法文版第一版的译稿进行紧张的修改、校阅，并为完成《资本论》第 2、3 卷的写作广泛收集资料、开展研究之时，在德国发生了一件令人瞩目的事件，这就是当时德国的两个工人组织——由李卜克内西和倍倍尔领导的社会民主工党（爱森纳赫派）与由哈森克莱维尔、哈赛尔曼和特耳克领导的全德工人联合会（拉萨尔派）积极地频繁接触，酝酿合并的问题。

马克思和恩格斯原则上同意两派合并，但认为合并应当是有条件的。这个条件就是必须在科学社会主义原则的基础上合并，必须使拉萨尔派放弃宗派主义，决不能拿原则做交易。他们建议，在拉萨尔派放弃机会主义路线之前，不如先缔结一个反对共同敌人的行动协定。但是，李卜克内西等爱森纳赫派的领导人却置马克思和恩格斯的忠告于不顾，先后于 1874 年 11 月 2 日和 12 月 15 日同拉萨尔派的领导人进行了两次会谈，并匆匆忙忙地起草了一个《纲领草案》，准备作为合并后的德国社会主义工人党的统一纲领。

1875 年 3 月 7 日，这个《纲领草案》分别在两派的中央机关报《人民国家报》和《新社会民主党人报》上发表。马克思和恩格斯在报上看到这个《纲领草案》后，对其所表现的断然的退步感到特别愤慨，认为这是一个极其糟糕的、会使党堕落的纲领。恩格斯先后给倍倍尔和李卜克内西分别写了一封信，批评《纲领草案》在理论上的倒退。4 月初，马克思应爱森纳赫派的领导人白拉克之邀，开始对《纲领草案》进行批判。5 月初，马克思完成了《对德国工人党纲领的几点意见》即《哥达纲领批判》的写作。

《哥达纲领批判》是马克思主义的纲领性文献，是对机会主义进行不调和斗争的典范。

马克思在《哥达纲领批判》中，通过对拉萨尔机会主义的批判，集自己一生的研究成果，提出了关于未来社会形态的理论。

马克思首先明确地提出了过渡时期的理论。他指出："在资本主义社会和共产主义社会之间，有一个从前者变为后者的革命转变时期。同这个时期相适应的也有一个政治上的过渡时期，这个时期的国家只能是无产阶级的革命专政。"①

此前，在马克思和恩格斯的著作中都有过对过渡时期的论述。但《哥达纲领批判》中的论述同此前的论述相比，已有所不同。列宁在《国家与革命》一文中对此曾作了评价：

> 从前，问题的提法是这样的：无产阶级为了求得自身的解放，应当推翻资产阶级，夺取政权，建立自己的革命专政。
>
> 现在，问题的提法已有些不同了：从向着共产主义发展的资本主义社会过渡到共产主义社会，非经过一个"政治上的过渡时期"不可，而这个时期的国家只能是无产阶级的革命专政。②

也就是说，马克思和恩格斯在过去著作中对过渡时期的论述，大都是一种科学的假设。而在《哥达纲领批判》中，马克思已对这一问题作出了科学结论。用列宁的话来说，就是"非经过一个'政治上的过渡时期'不可"。

在《哥达纲领批判》中，马克思提出了共产主义社会发展的两个阶段的理论。此前，马克思和恩格斯都曾对共产主义社会的特征作过论述，但主要是揭示了实现共产主义是社会历史发展的必然这一客观规

①《马克思恩格斯选集》第 3 卷，人民出版社 1972 年版，第 21 页。
②《列宁选集》第 3 卷，人民出版社 1972 年版，第 245 页。

律。在《资本论》第 3 卷手稿中，马克思的认识有了进一步的发展，在一些论述中对共产主义社会的发展阶段作了初步划分。他提出了资本主义社会以后的"高级的新形态"和"更高级的社会形态"两个概念。

在《哥达纲领批判》中，马克思对共产主义社会形态的认识又有了新发展，明确提出了共产主义社会发展的两个阶段的理论，并作了具体阐述，从而使他关于共产主义社会发展阶段的学说更加完备。关于这一点，列宁评价说："马克思并没有陷入空想，关于这个未来，他只是较详细地确定了现在所能确定的东西，即共产主义社会低级阶段和高级阶段之间的差别。"①

对于共产主义社会的低级阶段，也就是第一阶段，马克思认为："我们这里所说的是这样的共产主义社会，它不是在它自身基础上已经发展了的，恰好相反，是刚刚从资本主义社会中产生出来的，因此它在各方面，在经济、道德和精神方面都还带着它脱胎出来的那个旧社会的痕迹。"②

在《哥达纲领批判》中，马克思还论述了共产主义社会第一阶段的分配原则——按劳分配原则。按照马克思的预测，在共产主义社会的第一阶段，生产资料已经不是个人的私有财产，它已归整个社会所有。社会的每个成员都完成社会所必需的某一部分劳动，并从社会方面领得一张证书，证明他完成了多少劳动量。根据这张证书，他从消费品的社会储存中领取相当数量的产品。这样，除去作为社会基金的一部分劳动之外，每个劳动者从社会方面领取的，也就相当于他对社会所贡献的。这实际上就是按劳分配原则的基本内容。

对于共产主义社会高级阶段的预见，马克思在《哥达纲领批判》中的经典论述为："在共产主义社会高级阶段上，在迫使人们奴隶般地服从分工的情形已经消失，从而脑力劳动和体力劳动的对立也随之消失之后；在劳动已经不仅仅是谋生的手段，而且本身成了生活的第一需要之后；在随着个人的全面发展生产力也增长起来，而集体财富的一切源泉

①《列宁选集》第 3 卷，人民出版社 1972 年版，第 249 页。
②《马克思恩格斯选集》第 3 卷，人民出版社 1972 年版，第 10 页。

都充分涌流之后，——只有在那个时候，才能完全超出资产阶级法权的狭隘眼界，社会才能在自己的旗帜上写上：各尽所能，按需分配！"①

马克思关于未来社会发展的科学预见，是通过对资本主义的考察、分析、研究所得出来的必然结论。正像列宁所说的："马克思丝毫不想制造乌托邦，不想凭空猜测无法知道的事情。马克思提出共产主义的问题，正像自然科学家提出某一新的生物变种的发展问题一样，因为我们已经知道，这一变种是怎样产生以及朝着哪个方向演变的。"②

《哥达纲领批判》当时并未公开发表，原因是马克思和恩格斯认为《哥达纲领》在工人中的影响不大。直到1891年，为了同当时德国社会民主党内出现的右倾机会主义作坚决的斗争，恩格斯才不顾党内机会主义领导的反对，决定将《哥达纲领批判》公开发表。

马克思关于未来社会发展的科学论述，对我们今天建设中国特色社会主义，仍具有重要的指导意义。

活到老，研究到老

马克思在实践自己"为全人类造福"的誓言中，送走了青春年华，壮年时光，步入了本该休息却仍然奋斗的老年阶段。历经沧桑的马克思，身体已日趋衰弱，仍孜孜不倦地进行着科学理论的研究和传播工作。

晚年的马克思虽然饱受疾病缠身之苦，向往科学、渴求知识的劲头却丝毫不减。勤奋刻苦地学习仍是他晚年生活的重要内容。"活到老，研究到老"是马克思生命最后阶段的真实写照。

马克思晚年时的研究对象十分广泛，除继续研究政治经济学外，他还重点研究了人类学、世界史乃至农业学、化学、农业化学、生物学、地质学、矿物学等。马克思的研究成果仍然十分丰硕。当他最后离开这个世界时，留给后人的是未及发表的《资本论》第1卷之后的大量手稿《人类学笔记》《历史学笔记》《数学手稿》等一大批宝贵的精神财富。

①《马克思恩格斯选集》第3卷，人民出版社1972年版，第12页。
②《列宁选集》第3卷，人民出版社1972年版，第243页。

早在《资本论》第 1 卷问世时，《资本论》第 2、3 卷的草稿就已经写完，但以治学极为严谨而著称的马克思没有急于将其发表，而是持续开展了长时间的收集、研究资料和对第 2、3 卷草稿的补充、修改工作。构筑《资本论》第 1 卷的大量材料主要来源于英国。在补充、修改第 2、3 卷草稿时，马克思扩大了资料收集和研究的范围。他投入大量精力追踪研究俄国、美国以及其他资本主义国家新发生的经济现象和政治现象。

他重点研究了货币市场、银行业、土地关系等方面的新文献，尤其关注俄国和美国的经济发展情况。他仔细研究了俄国的土地关系，因为俄国的土地所有制和对农业生产者的剥削具有多种多样的形式。马克思研究了 1861 年以后俄国出版的各种文件汇编和统计汇编，一些俄国学者关于通史、政治经济学和社会学等方面的著作，其中包括车尔尼雪夫斯基的著作。从马克思自己于 1881 年所写下的名为《我书架上的俄国资料》的书单中可以看到，仅列入这个书单的图书资料便在 120 种以上，而这仅仅是他所研究的俄国文献中的一部分。

马克思研究了美国各联邦机关和州的机关所发表的统计汇编和文件汇编以及美、英定期刊物上一些有关美国经济和社会结构方面的文章，从中了解了美国迅速发展中的工业、西部的垦殖和开发、农场的状况和工人的劳动条件等重要情况。他还着重研究了大股份公司的形成过程，一些金融大王和工业巨头的发家史，并作了摘记。在 1878 年底写下的关于股份公司开发公有土地的提纲中，马克思指出，许多百万富翁都是靠土地投机发财致富的。

除了关注俄国和美国经济发展的状况外，马克思对德国教授阿道夫·瓦格纳所著的《政治经济学教科书》第一卷进行了认真的阅读和批判。此外，马克思还研究了法国土地所有权的分配问题和法国农民大规模破产的过程。

在马克思晚年的理论研究中，对人类学的研究占有突出重要的位置。这是他早年对人类学研究和探讨的继续和发展。只不过，他晚年对人类学的研究有了进一步的深化，实现了由政治经济学向文化人类学的转移，由重点对资本主义社会研究向前资本主义社会研究的转移，由主要对西方社会研究向注重对东方社会研究的转移。

长达几十万字的马克思的《人类学笔记》题材十分广泛，并非一般随意摘录的读书笔记，而是一个既有摘录的材料，又有简练精辟的论点和评语的理论研究的初步成果，具有极高的理论价值。从内容上看，它包括了关于古代社会的笔记和关于东方国家土地制度和村社结构及其生活方面的笔记两大类，涉及诸多学科。

马克思认真地研究了摩尔根的《古代社会》，发现这部著作虽然证明了他的关于财富的增长与生产力的发展和生产关系、社会制度的改善有关的唯物史观观点，却忽略了私有制产生的意义。马克思在自己的笔记中通过改造摩尔根著作的结构，突出了私有财产的作用和意义，从而推动了唯物史观的深化。

马克思还在《人类学笔记》中系统地论述了国家的起源和本质，将马克思主义的国家理论推向一个新的阶段。马克思从私有制来阐述国家的产生和发展及其本质，他认为，氏族社会不存在国家，而国家的产生则标志着氏族社会的终结。

马克思的《人类学笔记》通过对文化人类学新成果和有关资料的研究，丰富和完善了唯物史观，使马克思主义的社会形态理论更加趋于完善。马克思晚年的这一研究具有重要价值，它开辟了文化人类学研究的新方向，促进了这一科学的发展。

在此之后，恩格斯根据马克思的《摩尔根〈古代社会〉一书摘要》，写下了《家庭、私有制和国家的起源》一书，使得马克思《人类学笔记》中阐述的科学理论进一步发扬光大，补偿了马克思的未竟事业。

马克思在理论研究方面的另一个重大成果，是他的规模宏大的《历史学笔记》。

《历史学笔记》共4册，近180万字，是马克思潜心研究世界史的重要成果的记录。《历史学笔记》囊括了对从公元前1世纪到17世纪中叶长达1700多年的奴隶社会、封建社会及资本主义萌芽时期历史发展情况的研究，反映了马克思继对英国历史研究、古代社会研究两个阶段的研究之后，对历史学研究的第三个阶段的研究成果。

马克思的《历史学笔记》，通过对世界史的实证研究，为人类留下了运用唯物史观研究奴隶社会、封建社会和资本主义社会萌芽阶段历史的宝贵资料和科学方法，也使我们进一步深刻了解了马克思的唯物史观在马克思主义理论体系中的重要地位和意义。马克思逝世后，恩格斯对马克思的《历史学笔记》进行了整理，并加上了《编年摘录》的标题。

马克思一生做了大量的研究工作，除了经济学、哲学、文学、人类学、历史学以外，他还精通数学。

对高等数学的研究在马克思晚年的研究工作中也占有重要的位置。马克思对数学兴趣由来已久，他曾认为："一种科学只有在成功地运用数学时，才算达到了真正完善的地步。"①最初他把数学作为经济研究的工具，要通过大量计算来说明自己的政治经济学观点。后来，他还把解数学题作为自己休闲或调整疲劳的神经的一种娱乐手段。以后，他又多次深入地研究了这门学科，于19世纪80年代初写出了《论导函数概念》和《论微分》两份关于微分学的手稿及其他一批手稿。然而，马克思没有来得及对自己的数学手稿进行编辑整理。恩格斯在阅读了马克思的第一批数学手稿后认为，马克思的研究颇有独到之处。恩格斯原本计划将马克思的数学手稿整理出版，但是，他的这个愿望也没有实现。

马克思对自然科学的进步十分关注，并开展了大量的研究工作。这种研究通常与他对政治经济学的研究密切相关。就在他去世以前，在写给恩格斯的信中还说，1882年慕尼黑电气技术展览会上展出的法国人德普勒的远距离输电线路的发明，是很有前途的。

马克思所拥有的广博精深的知识给他同时代的人留下了极深的印象。他不但能流畅地说德语、英语、法语，而且能阅读俄文、意大利文、西班牙文和罗马尼亚文。保尔·拉法格曾这样说过："马克思的头脑是用多得令人难以相信的历史及自然科学的事实和哲学理论武装起来

---

① [法] 保尔·拉法格等：《回忆马克思恩格斯》，人民出版社1973年版，第7页。

的，而且他又是非常善于利用他长期脑力劳动所积累的一切知识和观察的。无论何时，无论任何问题都可以向马克思提出来，都能够得到你所期望的最详尽的回答，而且总是包含有概括性的哲学见解。他的头脑就像停在军港里升火待发的一艘军舰，准备一接到通知就开向任何思想的海洋。"[1]

老骥伏枥，志在千里

晚年的马克思在身体日趋衰弱的情况下，一边抓紧写作《资本论》第2、3卷，一边顽强地致力于《资本论》第一卷各种版本的出版发行工作。为此，他付出了艰辛的创造性劳动，表现出极为严谨的科学态度和为人类解放事业奋斗不息的崇高精神。

《资本论》第1卷问世后，最早一批接受这部"工人阶级的圣经"的德国人，是以李卜克内西、倍倍尔等为代表的德国先进工人的领袖人物。他们在认真研读这部著作的同时，也利用作报告和发表文章等多种形式开展了宣传和普及工作，促进了《资本论》在德国的传播。对此，马克思十分欣慰地说："《资本论》在德国工人阶级广大范围内迅速得到理解，是对我的劳动的最好的报酬。"[2]

到了19世纪70年代，特别是在巴黎公社成立之后，随着科学共产主义思想的广泛传播，德国工人对《资本论》的需求日益扩大。1871年11月底，出版商迈斯纳向马克思通报了第一版在德国几乎已售罄的信息，并提出了抓紧出版第二版的建议。于是，出版《资本论》第1卷德文第二版的计划列入了马克思的工作日程。

为了第二版的出版，马克思对《资本论》德文第一版的结构作了重大调整，对一些内容进行了认真修改。同时，对出版方式也作了改革，共分九个分册印行。经过一年半时间的努力，第一分册出版。没想到，它出人意料地大受欢迎。迈斯纳迅速地重印了500册以应急需。接着，其他各分册随着马克思修改工作的逐步完成而陆续出版，直到1873年

---

① [法] 保尔·拉法格等:《回忆马克思恩格斯》，人民出版社1973年版，第9页。
②《马克思恩格斯全集》第23卷，人民出版社1972年版，第15页。

6月全部出齐。全书篇幅共 52 个印张，印刷了 3000 册。

就在《资本论》第 1 卷德文第二版第一分册出版前不久，又一个喜讯传来：1872 年 3 月 27 日，《资本论》第 1 卷俄文第一版在遥远的俄罗斯出版发行。它是由洛帕廷和丹尼尔逊翻译的。马克思为俄文版的出版花费了不少心血。他会见了从俄国来伦敦的译者洛帕廷，同洛帕廷结下了友谊。马克思还指导洛帕廷确定了俄语的政治经济学术语，接受了他关于修改《资本论》个别注释的建议，并同他保持了经常性的通讯联系。马克思在致丹尼尔逊的信中，把在俄文版中必须予以修改之处一一详细地列了出来。正是在马克思的指导和帮助下，《资本论》俄文版的译者取得了令马克思满意的工作成果。马克思在致丹尼尔逊的信中说："非常感谢，这本书装订得很美观。翻译得很出色。我还想要一本平装本，以便送给英国博物馆。"①

当时在俄国，印好的书籍在销售前要接受沙皇书报检查机关的审查。沙皇书报检查委员会在对《资本论》俄文第一版全书进行了仔细研究和审查后，得出了一致的结论："尽管作者就其观点来说是坚定的社会主义者，而且全书具有十分明显的社会主义性质，然而，鉴于该书的论述绝非所有人都能接受和理解，作者的论证方法又处处具有严谨的数学科学形式，委员会认为不能对该著作提出司法上的追究。"②但是他们不许在书中刊登作者的照片，因为他们担心这样做会被认为是对马克思个人特别尊敬的表示。

《资本论》第 1 卷俄文版在出版后不到两个月的时间里，就售出了1000 册，此后全部 3000 册很快就销售一空。这大大出乎沙皇书报检查机关之所料。马克思对俄译本的出版发行情况十分高兴。

在《资本论》第 1 卷俄文版出版之前不久，法文版第一版的出版工作也开始筹备。这是由于巴黎公社向各国工人阶级提出了根据科学共产主义原则创建本国独立政党的任务。于是，将"工人阶级的圣经"译成

①中共中央马克思恩格斯列宁斯大林著作编译局编：《马克思恩格斯〈资本论〉书信集》，人民出版社 1976 年版，第 324 页。
②中共中央马克思恩格斯列宁斯大林著作编译局编：《马克思恩格斯〈资本论〉书信集》，人民出版社 1976 年版，第 325 页。

法文自然成为迫在眉睫的工作任务。1872年2月，马克思同出版商签订了出版《资本论》第1卷法文版的合同。接着，马克思致信法文版出版商拉沙特尔，同意分册出版法文版。他在信中说："您想定期分册出版《资本论》的译本，我很赞同。这本书这样出版，更容易到达工人阶级的手里，在我看来，这种考虑是最为重要的。"①

在这封信中，马克思也表示了对分册出版法文版的担心，他预测由于前几章读起来相当困难，会使法国读者因读不下去而感到气馁。接下来他在信中写下了举世闻名的这段话："这是一种不利，对此我没有别的办法，只有事先向追求真理的读者指出这一点，并提醒他们。在科学上没有平坦的大道，只有不畏劳苦沿着陡峭山路攀登的人，才有希望达到光辉的顶点。"②

《资本论》第1卷法文版的译者是曾翻译过费尔巴哈著作的鲁瓦。虽然鲁瓦所翻译的费尔巴哈的著作受到作者的好评，但是，他在翻译《资本论》时却过于死板，以致马克思不得不对法译文整段整段地加以改写。为了使法文版的译文更加明确，更易于为人们理解，马克思付出了巨大的努力。他简化了部分论述，改变了结构，删除了德文版中的含义不确切之处和德国历史上的例子，同时对有些内容又作了必要的改写和补充，增加了注解。为了校阅鲁瓦的译稿，马克思还经常同女儿燕妮夫妇共同商量个别地方的译法。马克思对译文的改动很大，而且总校时所作的修改常常比初校时还多，以至于有时要对书稿进行四校。为了《资本论》第1卷法文版的出版，马克思付出了艰苦的劳动。

《资本论》第1卷法文版最终采用了以五分册为一集的丛书形式出版，全书共分成九集。经过一系列的努力，第一集于1872年9月17日出版。全书一直到三年后才出齐。除了修改费力外，巴黎公社失败后法国的政治形势，作者、译者、出版商和印刷厂分散于四个地点等因素都影响了出版的进度。此外，在校订法文版的同时，马克思还必须同时承

①中共中央马克思恩格斯列宁斯大林著作编译局编：《马克思格斯〈资本论〉书信集》，人民出版社1976年版，第323页。
②中共中央马克思恩格斯列宁斯大林著作编译局编：《马克思恩格斯〈资本论〉书信集》，人民出版社1976年版，第324页。

担许多别的工作。过度劳累再次损害了马克思的健康。这期间，小燕妮孩子的夭折对他也是一个沉重的打击，使他本已十分虚弱的身体雪上加霜。身体欠佳曾几度中断了他对法文版的校阅工作。

对于《资本论》第 1 卷法文版出版的意义，拉法格是这样评价的："政府原打算禁止它出版，但是经过考虑，终于没有去找出版商的麻烦。政府认为这是德国人的形而上学，法国人根本什么也弄不懂，因而出版商一定会赔本。然而书悄悄地为自己开辟了一条道路，终于会有一天可以令人惊奇万分地听到：法国社会主义者如何向马克思的名字发誓，自称为马克思主义者，同时还可以看到，马克思'令人难懂'的理论如何吸引着工人群众。"①事实也的确如此。

在这段时间里，马克思还对《资本论》的第 2、3 卷的草稿重新进行了研究、补充和修改，直到他 1883 年逝世前。虽时断时续，但这项工作始终都在进行着。

1875 年，他用数学的方法（方程式）论述了利润率和剩余价值率的关系（后来这一内容被恩格斯纳入《资本论》第 3 卷的第三章）。

1876 年，他写下了《级差地租和地租只是投入土地的资本的利息》（恩格斯后来将这部分内容纳入了《资本论》第 3 卷的第六篇中）。

1877 年 3 月底，他对 60 年代中期至 70 年代初写成的《资本论》第 2 卷的四份手稿作出提示和笔记，并以此（特别是其中的第二份手稿）作为重新修订第 2 卷的基础。此后，马克思又写出了第五份手稿，这份手稿的内容是对第 2 卷第一篇的最重要部分的最后完整的论述。

1877 年 10 月至 1878 年 7 月间，马克思根据第五份手稿整理出一份可以付印的手稿，即第六份手稿，它包括了第一章的大部分。这是马克思力图整理出一份第 2 卷付印稿的第一次尝试。

1878 年 7 月 2 日，马克思写成了《资本论》第 2 卷的第七份手稿。这是他准备第 2 卷付印稿的第二次也是最后一次尝试。此后，马克思还写出了第 2 卷的第八份手稿，这份手稿在对过去的第二份手稿的相关内

① ［苏］A.B. 乌罗耶娃：《不朽的著作》，山东人民出版社 1992 年版，第 177 页。

容进行了改写和重写后，构成了第2卷第三篇的主要内容。

"春蚕到死丝方尽，蜡炬成灰泪始干。"马克思就是这样，为了自己终生的事业而不懈努力着。

根据恩格斯整理马克思遗稿时的推断，这时的马克思已经十分清楚，如果他的健康状况不根本好转，他就根本做不到使他的第2卷和第3卷的修订工作达到自己满意的程度。恩格斯还发现，在第五至第八份手稿上已经够多地留下了马克思同折磨人的疾病进行顽强斗争的痕迹……

一颗强有力的心停止了跳动

在马克思生命的最后十年中，他一次次地被病魔击倒，又一次次地挺立起来，继续投入科学研究和革命斗争的实践。

1873年春，马克思出现了剧烈头痛和严重失眠的症状，这是因疲劳过度所致。医生规定他每天工作不得超过4个小时，并要经常外出疗养。这一年深秋，他前往哈罗格特疗养。年底，他的脸部长了许多痈，只好动手术。第二年春天，他又去兰兹格特海边疗养。

到了夏天，马克思的慢性肝炎又严重复发。8月中旬，他在女儿爱琳娜的陪伴下，前往奥地利的卡尔斯巴德（现名卡罗维发利）疗养。为了不引起奥地利警察的注意，马克思在下榻的日耳曼尼亚旅馆的登记簿上用的是"食利者查理·马克思"的名字。一个多月的时间，卡尔斯巴德的矿泉水对马克思肝病的缓解显示了一定的疗效。这使得马克思有足够的体力在返回伦敦的途中到德累斯顿、莱比锡、柏林和汉堡作了短期停留，并会见了李卜克内西、盖布、约克和迈斯纳等老朋友。由于在卡尔斯巴德的疗养效果较好，马克思又先后两次去那里进行了疗养。

直到1877年8月，马克思还听从医生的忠告，同夫人燕妮、女儿爱琳娜到莱茵省普鲁士的一个疗养胜地诺伊恩阿尔疗养。

连续几年的定期疗养有效地恢复了马克思的健康。19世纪70年代后半期，他又以极大的热情和旺盛的精力投入到工作中去。

然而，就在1880年的夏天，马克思遭受到一个最大的打击。与自己患难与共、饱受颠沛流离之苦的夫人燕妮被诊断患上了肝癌，身体日趋虚弱。马克思内心非常痛苦，他陪同病妻到海滨的伊斯特勃恩休养了一个月。随后，他们又一起来到法国巴黎附近的阿尔让台，到大女儿燕妮家暂居，目的是为了满足夫人燕妮看望外孙的愿望。然而，祸不单行，没过多久，又传来了小女儿爱琳娜病重的消息。马克思即刻只身返回伦敦组织抢救，直到她脱险。

1881年秋天，已经返回伦敦的燕妮的病情越来越严重了，到了卧床不起的程度。夫人病重的阴影始终笼罩在马克思的心头，病魔乘虚而入，终于再一次将马克思击倒。马克思患了胸膜炎，并发支气管炎和肺炎，经过医生的抢救，才从死神身边挣脱出来。当马克思刚刚恢复了一些体力时，便迫不及待地来到妻子的病榻前。小女儿爱琳娜激动地回忆了当时的情景。她说："我永远忘不了那天早晨，他觉得自己健强得能够到母亲房间去了。他们在一起又都年轻起来，像一对共同进入生活的热恋中的青年男女，而不是彼此正向生命话别的一个被疾病摧毁了的老人和一个将死的老妇。"[1]

但是，马克思无力再将夫人留在自己身边。1881年12月2日，世界上又一个伟大的女性——燕妮去世了，享年67岁。12月5日她被安葬在海格特公墓。按照她的遗愿，没有举行葬礼，只有几个最亲近的人为她送葬。病重中的马克思遵从医生的劝阻，没有前往墓地。恩格斯在燕妮的墓前发表了讲话。他高度赞扬燕妮，称她是一位"品德崇高的女性"。恩格斯说："她的一生表现出了极其明确的批判智能，卓越的政治才干，充沛的精力，伟大的忘我精神；她这一生为革命运动所做的事情，是公众看不到的，在报刊上也没有记载。她所做的一切只有和她在一起生活过的人才了解……如果有一位女性把使别人幸福视为自己的幸福，那末这位女性就是她。"[2]

夫人的死给马克思以致命的打击。恩格斯在马克思夫人逝世的那天就沉重地说："摩尔也死了。"[3]

---

① [法]保尔·拉法格等:《回忆马克思恩格斯》，人民出版社1973年版，第138页。
②《马克思恩格斯全集》第19卷，人民出版社1963年版，第323—324页。
③ [德]弗·梅林:《马克思传》，人民出版社1973年版，第673页。

马克思的故事

为了恢复健康，马克思在小女儿爱琳娜的陪伴下到威特岛的文特诺尔疗养。这时他的慢性支气管炎和咳嗽已经很重，失眠症也进一步加重。三个星期后，马克思返回伦敦，又急切地重新开始自己的研究工作。他曾多次对恩格斯说过，他要把《资本论》的第2卷和第3卷献给自己的夫人，但他没有完成这个心愿。

1882年2月，马克思在医生的催促下又踏上了去南方的疗养之路。他先去法国，在大女儿家住了一个星期，然后去马赛，最后到达阿尔及尔。由于途中感冒，他的支气管炎加重，并再次患了胸膜炎。4月中旬马克思的胸膜炎有所好转。在炎热的夏天来临之前，马克思又遵医嘱离开阿尔及尔去法国的里符耶腊。当5月初他来到蒙特卡罗时胸膜炎复发，只好在摩纳哥进行了为期一个月的治疗。然后，马克思又前往阿尔让台与大女儿燕妮及外孙们团聚。

马克思大女儿燕妮的几个儿子给马克思带来了无穷的乐趣。他们是让·龙格、埃德加尔·龙格和马赛尔·龙格。在几个孩子中，马克思最宠爱让·龙格，亲切地叫他"琼尼"。琼尼十分可爱，在马克思家住的时间最长。这个顽皮的孩子像妈妈和姨妈小时候一样，最喜欢与马克思玩"赶马车"的游戏。他骑在马克思的肩上，把自己当做驭手，把外祖父当做马车，挥舞着鞭子，大声地吆喝着："往前跑啊！快跑！"马克思乐此不疲，常常跑得满头大汗，气喘吁吁。他和孩子们在一起尽情地玩耍时，自己仿佛也是个孩子，从不担心这会有损于他的尊严。当马克思的大女儿1881年春带着几个孩子去阿尔让台时，马克思十分想念他们。只要有可能，他就千方百计地去看望他们。马克思最喜欢说的一句话就是："人所具有的我都具有。"[①]马克思像所有的人一样，尽享这种舐犊之乐。

马克思在大女儿燕妮家附近的恩吉安采用硫矿泉水和吸入疗法治疗了两个半月。接着，二女儿劳拉又陪他去瑞士的日内瓦湖。在瑞士度过了一个月后，马克思又前往阿尔让台，那里的女儿和外孙永远是他的

---

① 《马克思恩格斯全集》第31卷，人民出版社1972年版，第589页。

牵挂。他最快乐的时光就是和女儿与外孙在一起的日子。随后他返回伦敦。

马克思稍微感到有些好转之后，便在伦敦梅特兰公园路的家中又恢复了研究工作。他主要研究了原始社会史和俄国的土地关系。此后，他又到威特岛继续进行他的研究。

1883年1月11日，马克思的大女儿燕妮突然病逝。她在世上仅仅度过了38个春秋。噩耗传来，马克思再也经受不住这沉重的打击了，他在万分悲痛中拖着病弱之躯回到了伦敦。

马克思在他生命最后的日子里，饱受了疾病折磨之苦。先是严重的咳嗽引起痉挛，随着支气管炎的加重，又患了喉头炎。这使他无法下咽食物，只得长时间饮用牛奶。2月，他被确诊患了肺脓肿，明显消瘦。恩格斯和爱琳娜竭尽全力挽救他的生命。3月初，马克思的病情有所好转，这使大家又有了一线希望，医生也感到很乐观。

然而，新的转机没有出现。当每天都去探望马克思的恩格斯于3月14日下午两点半来到马克思的家中时，他看到全家人都在掉泪。因为马克思从这天早晨起就开始出血，接着出现体力衰竭症状。大家心里都明白，最后的时刻不可避免地来临了。当琳蘅上楼看望马克思时，发现他坐在安乐椅上处于半睡状态。她随即下楼请恩格斯到马克思那儿去。当恩格斯来到马克思的书房时，马克思的脉搏和呼吸都已停止。

1883年3月14日下午2时45分，马克思安详地与世长辞，享年65岁。

噩耗传向全世界，举世震惊。

各国工人活动家和无产阶级政党的领袖们纷纷致函马克思的家人和恩格斯，表示沉痛的哀悼。

马克思的葬礼于1883年3月17日以十分简朴的方式举行。马克思被安葬在伦敦海格特公墓，与夫人合葬在一起。参加葬礼的有马克思的亲属拉法格夫妇、龙格，有马克思的朋友和战友恩格斯、李卜克内西、列斯纳、罗赫纳，还有动物学家朗凯斯特和化学家肖莱马。《社会民主党人报》编辑部和伦敦德意志工人教育协会敬献了花圈。

马克思的墓地（伦敦海格特公墓）

在马克思墓前，恩格斯发表了庄严而满怀深情的讲话。他高度评价了马克思一生中的两个伟大发现及其为无产阶级解放事业所作出的巨大贡献。恩格斯说：

> 这个人的逝世，对于欧美战斗着的无产阶级，对于历史科学，都是不可估量的损失。这位巨人逝世以后所形成的空白，在不久将来就会使人感觉到。
>
> 正像达尔文发现有机界的发展规律一样，马克思发现了人类历史的发展规律，即历来为繁茂芜杂的意识形态所掩盖着的一个简单事实：人们首先必须吃、喝、住、穿，然后才能从事政治、科学、艺术、宗教等等；所以，直接的物质的生活资料的生产，因而一个民族或一个时代的一定的经济发展阶段，便构成为基础，人们的国家制度、法的观点、艺术以至宗教观念，就是从这个基础上发展起来的，因而，也必须由这个基础来解释，而不是像过去那样做得

相反。

不仅如此。马克思还发现了现代资本主义生产方式和它所产生的资产阶级社会的特殊的运动规律。由于剩余价值的发现，这里就豁然开朗了，而先前无论资产阶级经济学家或者社会主义批评家所做的一切研究都只是在黑暗中摸索。①

恩格斯最后说：

　　各国政府——无论专制政府或共和政府——都驱逐他；资产者——无论保守派或极端民主派——都纷纷争先恐后地诽谤他，诅咒他。他对这一切毫不在意，把它们当做蛛丝一样轻轻抹去，只是在万分必要时才给予答复。现在他逝世了，在整个欧洲和美洲，从西伯利亚矿井到加利福尼亚，千百万革命战友无不对他表示尊敬爱戴和悼念，而我敢大胆地说：他可能有过许多敌人，但未必有一个私敌。

　　他的英名和事业将永垂不朽！②

在马克思逝世后的100余年里，世界发生了翻天覆地的变化，多少人、多少事逐渐为人们所淡忘。然而，正如恩格斯所预言的那样，"马克思"这个响亮的名字，"马克思主义"这个伟大的学说，却与世界共存，与日月同辉。

---

①《马克思恩格斯选集》第3卷，人民出版社1972年版，第574页。
②《马克思恩格斯选集》第3卷，人民出版社1972年版，第575—576页。

参考文献

1. 马克思恩格斯全集.1—46卷［M］.北京：人民出版社，1956—1985.

2. 马克思恩格斯选集.1—4卷［M］.北京：人民出版社，1972.

3. 马克思恩格斯《资本论》书信集［M］.北京：人民出版社，1976.

4. 马克思.资本论.1—3卷［M］.北京：人民出版社，1975.

5. 列宁选集.1—4卷［M］.北京：人民出版社，1972.

6. 列宁全集.1，8，21，23，31，38卷［M］.北京：人民出版社，1984—1990.

7. ［德］黑格尔.法哲学原理［M］.北京：商务印书馆，1962.

8. 费尔巴哈哲学著作选集.上卷［M］.北京：三联书店，1961.

9. 庄福龄主编.马克思主义史.第1卷［M］.北京：人民出版社，1996.

10. 黄枬森等主编.马克思主义哲学史（3卷本）［M］.北京：北京大学出版社，1987.

11. ［英］戴维·麦克莱伦.马克思传［M］.北京：中国人民大学出版社，2007.

12. ［德］海因里希·格姆科夫等.马克思传［M］.北京：三联书店，1978.

13. ［法］罗伯尔–让·龙格.我的外曾祖父卡尔·马克思［M］.北京：新华出版社，1982.

14. 中共中央马克思恩格斯列宁斯大林著作编译局编译.摩尔和将军［M］.北京：人民出版社，1982.

15. 陈先达，靳辉明.马克思早期思想研究［M］.北京：北京出版社，1983.

16. 赵仲英.马克思早期思想研究［M］.昆明：云南人民出版社，1994.

17. 顾锦屏等.马克思的伟大一生［M］.北京：北京出版社，1983.

18. 张光明.马克思传［M］.北京：中共中央党校出版社，1998.

19. 魏小萍，张云飞编著.马克思传［M］.北京：当代世界出版社，1998.

20. 刘文涛.马克思［M］.北京：红旗出版社，1997.

21. 李振宏.伟大的人格［M］.郑州：河南教育出版社，1992.

22. 刘凤舞.马克思传略［M］.成都：四川人民出版社，1985.

23. 陈雷.马克思［M］.北京：中国财政经济出版社，2006.

24. 栾扶桂，王兴斌.马克思恩格斯的人生之路［M］.沈阳：辽宁人民出版社，1983.

25. 梁雪影.永不熄灭的圣火点燃者马克思［M］.合肥：安徽人民出版社，2001.